“十四五”国家重点出版物出版规划项目
三江源国家公园自然教育系列丛书

三江源国家公园
THREE-RIVER-SOURCE NATIONAL PARK

行走澜沧江源

袁亮 盛洋 等著

中国地图出版社 北京

编委会

EDITORIAL COMMITTEE

《三江源国家公园行走纪行·行走澜沧江源》

编辑部

主　　任　朱　萌　马　珊
副 主 任　林紫秋　叶思婧
主　　笔　袁　亮　盛　洋
参　　编　苏　晓　于佳宁　王若玢

责任编辑　叶思婧
复　　审　李偲涵
内容审校　贺宝元　罗延海　马富贵　赵希国
　　　　　伊西仁增　更桑才丁
终　　审　喻　乐

地图编辑　刘红艳
地图制作　王宏亮
地图审校　张云红　郭海峰　林　东　东正兰　魏　芝

版式设计　洪彩云
封面设计　方　芳　洪彩云
排　　版　北京梧桐影电脑科技有限公司
图片提供　耳　东　喻　鹏　蒋人可　旦增桑周
　　　　　视觉中国
融媒体策划　郭玉婷
融媒体编辑　张扬帆　刘　尧
视频编辑　王　川　刘　洋

责任印制　苑志强

本书由袁亮和盛洋共同撰写，其中袁亮撰写了第一至三章，盛洋撰写了第四章和第五章。专题内容由祁万强、唐涓、李懿提供。

总　序

盛世修书，述典启智。编撰出版《三江源国家公园自然教育系列丛书》，是一项重大的自然教育工程，亦是国家公园给予国民的重要公共生态产品。这套丛书的出版，对于我们践行习近平生态文明思想，凝聚社会各界共识，认真履行保护好“中华水塔”这一“国之大者”的特殊使命，厚植公众生态文明素养，筑牢中华民族永续发展根基，都具有十分重要的意义。

三江源国家公园地处青海省西南部，长江、黄河、澜沧江发源于此，总面积19.07万平方千米。每年向下游输送近600亿立方米的清洁水，是我国乃至东南亚淡水资源的重要补给地。同时，三江源也是高原生物多样性最富集的地区，是全球气候变化的敏感区和重要启动区，是国家生态安全的重要屏障，其生态系统服务功能、自然景观、生物多样性具有全国乃至全球意义的保护价值。党中央、国务院对三江源的生态保护工作高度重视，全国人民充分关注，各方有识之士寄予厚望。

建立国家公园体制是习近平总书记亲自谋划、亲自部署、亲自推动的重大制度创新。2016年3月，中共中央办公厅、国务院办公厅印发《三江源国家公园体制试点方案》，拉开了中国建立国家公园体制实践探索的序幕。三江源国家公园成为中国国家公园发展的先行者和“试验田”以来，创新管理体制机制，不断探索人与自然和谐共生之路，坚定不移做“中华水塔”守护人，引领全国各地催生了生态环境保护领域一批系统性、突破性、标志性成果。

2021年10月，国家主席习近平在《生物多样性公约》第十五次缔约方大会领导人峰会上宣布正式设立三江源国家公园。全面推动三江源国家公园建设高质量发展，把三江源国家公园建设成为青藏高原生态保护修复示范区，三江源共建共享、人与自然和谐共生的先行区，青藏高原大自然保护展示和生态文化传承区，离不开文化铸魂，要教育先行。编撰出版《三江源国家公园自然教育系列丛书》，就是向广大读者全面介绍三江源国家公园最重要的自然生态系统、最独特的自然景观、最精华的自然遗产、最富集的生物多样性，也是挖掘天人合一等中华优秀传统文化，倡导公众树立尊重自然、顺应自然、保护自然的理念，着力打造具有国家代表性和世界影响力世界自然保护地典范的有益尝试。

书以载道，文以养心。希望这套由中国地图出版社出版的大型丛书，能给读者提供一场对三江源无与伦比的认知盛宴，一起见证三江源国家公园的茁壮成长。

是为序。

三江源国家公园管理局

序 行走在自然中

2023年的国庆长假，我最大的收获与享受就是静心阅读了即将出版的“三江源国家公园行走纪行丛书”，跟着作者的文字书写，对雪域高原的惊险雄奇，动植物世界的勃勃生机，高原藏族的朴实神秘，进行了一次沉浸式的观察与思考，对三江源国家公园的长江源、黄河源、澜沧江源三个园区和可可西里世界自然遗产地的历史与现状，以及对三江源重要生态屏障的整体保护措施和取得的阶段性成果有了深入的了解。

亿万年来，地处世界“第三极”的青藏高原，以雄峻无涯的雪山冰川，融化出涓涓细流，向东向南汇聚成长江、黄河与澜沧江。长江和黄河孕育了灿烂而悠久的华夏文明，是中华民族的母亲河；澜沧江作为“东南亚第一长河”，一路奔腾向东南，经西藏、云南两省区，出中国国境后，称为湄公河，流经老挝、缅甸、泰国、柬埔寨、越南五国后汇入南海。

三江源被誉为“中华水塔”和“亚洲水塔”，是中国生物多样性的自然宝库，是我国重要的生态安全屏障，也是全球气候变化反应最敏感的区域之一。为此，践行习近平生态文明思想，坚持“生态保护第一、国家代表性、全民公益性”的中国特色国家公园理念，构建三江源的生态系统服务功能，对维护生物的多样性以及实现对三江源头的整体保护，有着十分重要的意义。

由三江源国家公园管理局立项、中国地图出版社编辑出版的“三江源国家公园行走纪行丛书”由《行走长江源》《行走黄河源》《行走澜沧江源》三本书组成。丛书的主题为“自然行走”，着重体现人与自然的和谐共生，尊重“山脉”和“水脉”的内在规律，传承发展“文脉”和“人脉”。丛书以作者“自然行走”的所见所闻、所思所感为主体，从时间的维度上，全面反映了三江源国家公园的过去与现在；从空间的维度上，以山、水、人、动物为切入点，展示了三江源的多重魅力，突出体现了人与自然的和谐共生。

阅读书稿，作者在长江源、黄河源、澜沧江源行走的立体画面清晰地展现在我眼前。

流经11个省、直辖市，总长6380公里的长江，是亚洲第一大河、世界第三大河。它由发源于唐古拉山脉主峰各拉丹冬的沱沱河与南源当曲、北源楚玛尔河组成，沱沱河与当曲在唐古拉山镇与索加乡交界的囊极巴陇汇合后称通天河，进而在七渡口与楚玛尔河汇合，至巴塘河口流出青海玉树藏族自治州，在横断山区称为金沙江，经云南入重庆，之后正式启用长江的名字，直至上海崇明岛注入东海。

长江源水生态环境保护站——“绿色江河”的志愿者守护斑头雁已经超过10年，斑头雁从2012年的1172只，上升到了2022年的5963只，10年间增加到5倍。除了鸟类，也不断有藏羚羊、雪豹、藏野驴、野牦牛等动物出现在班德湖周围。

总长5464公里的黄河是世界第五长河，由约古宗列曲（玛曲）、卡日曲、扎曲汇集，从扎陵湖流出，形成一个冲积扇面入鄂陵湖后，以“黄河”之名奔流向海。

黄河源园区面积3.17万平方公里。这块集草地、湿地、河流、湖泊、雪山、冰川和野生动物为一体的神奇大地，展现了地球上年轻的地貌，造就了独特的高原高寒山地气候，保存了大面积的原始风貌。

湖泊和湿地生态景观，维护养育了高寒草甸、草原生态系统健康运行。在维护生物多样性等前提下，黄河源园区正加强对黑土滩、沙化土地等的修复，并在此基础上开展黄河探源和自然生态体验，展现高原千湖美景，使来客得以近距离观览野生动物，追寻领悟黄河文化和藏族历史文化。

世界第七长河、“东南亚第一长河”澜沧江，全长4909公里，其北源扎阿曲所在的玉树杂多县扎青乡境内海拔5552米的吉富山的冰川融水，即为澜沧江源头。

澜沧江源头具有独特的河源峡谷生态，海拔最高处的石质山峰和流石滩，是雪豹最喜欢出没的地方；山峰下是原始森林与高山草甸交混的地带，大果圆柏与山柳灌木构成了茂密的森林植被，草原上盛开的狼毒花、金露梅和圆穗蓼等编织出斑斓的花毯。树林与草坡为白马鸡、高原鼠兔和喜马拉雅旱獭等动物提供了筑巢和嬉戏的场所，它们又为狼、兔狲和棕熊等猛兽提供了充足的食物，金雕在高空盘旋寻找着猎物，而雪豹或许就在某一座山峰上巡视着它的领地，喜马拉雅旱獭在向阳的草坡上掘洞为窝，天气好的时候喜欢坐在洞口附近晒太阳。有时候它们会在草地上追逐嬉戏，憨态可掬，此时通常会有一只“哨兵”双腿直立，警惕地观望着四周，一有风吹草动就立刻发出警报声，所有的喜马拉雅旱獭一眨眼就钻回窝里，消失不见。

约6.03万平方公里的可可西里世界遗产地有100多个湖泊，是中国湖泊分布最密集的区域之一。遗产地内完整保存了高寒草原、高寒草甸、高寒荒漠和高原湿地生态系统，共有国家一级保护动物7种，国家二级保护动物17种，有蹄类动物种群密度大、数量多，且珍稀物种比例高。

可可西里的野生动物基因库，尤以藏羚羊、野牦牛为代表物种。可可西里从2000年成立自然保护区，到2016年划入三江源国家公园至今，在一代代工作人员的努力下，藏羚羊终于转危为安，2009年后可可西里再无盗猎案件，藏羚羊种群得到恢复，世界自然保护联盟（IUCN）也将它从濒危物种调整为近危物种。

1832年，美国著名艺术家乔治·卡特林在前往美国达科他地区旅行的路上，对美国西部大开发对印第安文明、野生动植物和荒野的影响深表忧虑，提出“它们可以被保护起来，只要政府通过一些保护政策设立一个大公园，其中有人也有野兽，所有的一切都处于原生状态，体现着自然之美”。乔治·卡特林的这次旅游灵感，促使人类开始树立保护自然遗产的意识。

人类把亿万年来地球演化过程中留存下来的珍贵的、不可再生的遗迹作为一种特殊类型的资源，通过建立自然保护区、地质遗迹保护区、国家公园等将其加以保护利用，这是敬畏自然、尊重自然、顺应自然并建设美丽地球家园的明智选择。

“三江源国家公园行走纪行丛书”集三江源国家公园的真、善、美为一体，为公众提供了亲近自然、体验自然、了解自然、欣赏自然的平台载体。丛书以人与自然的和谐共生描写为主线，讲述人与自然的故事，这将有效提高全民科学素养，激发公众敬畏自然、尊重自然、热爱自然、热爱科学，培养生态安全意识、环境保护意识，增强文化自信和民族自豪感，促进三江源生态环境保护，实现人与自然和谐共生的目标。

三江源国家公园的设立，使社会各界更加关注对这个生物多样性自然宝库的整体保护。由于条件有限，很多人无法抵达三江源亲身体验，而“三江源国家公园行走纪行丛书”正是能够弥补这一缺憾的优秀丛书。

陈国栋
研究员，中国自然资源作家协会主席

目录 CONTENTS

三江源地区河流流域球形图

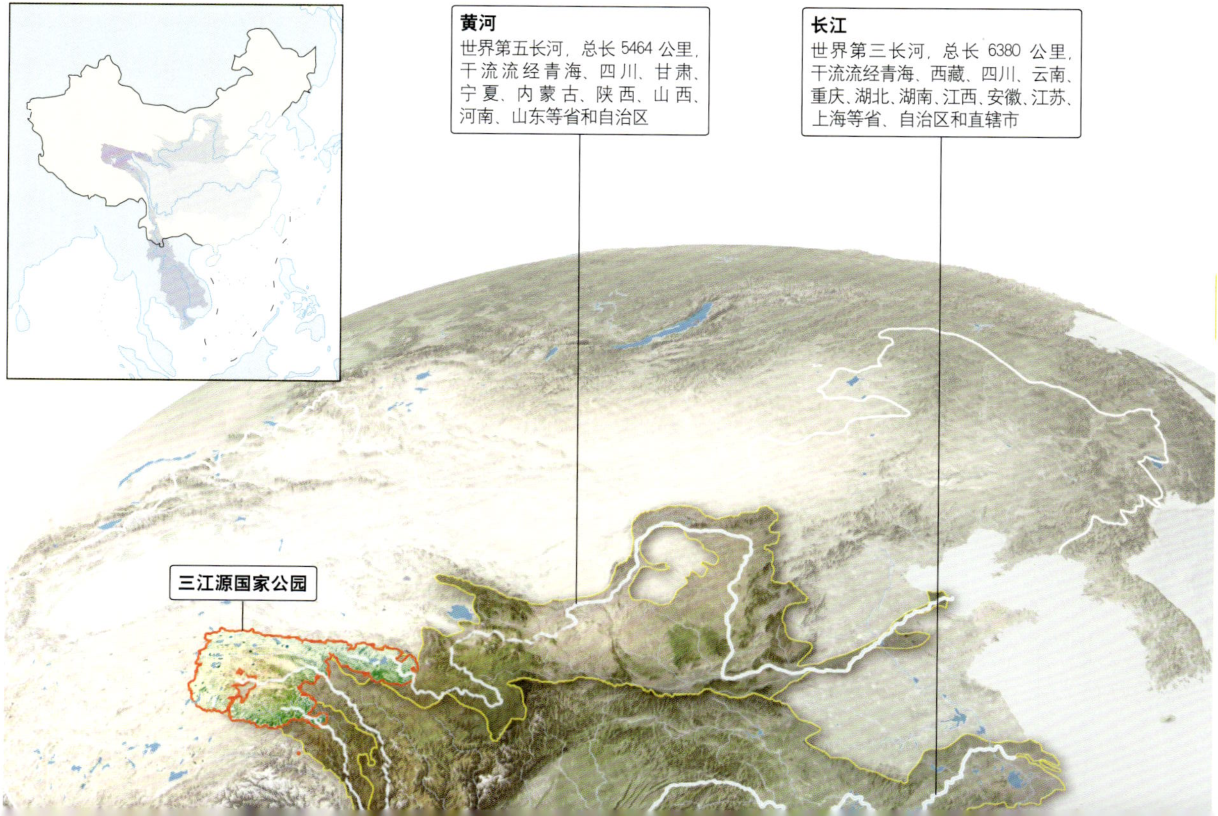

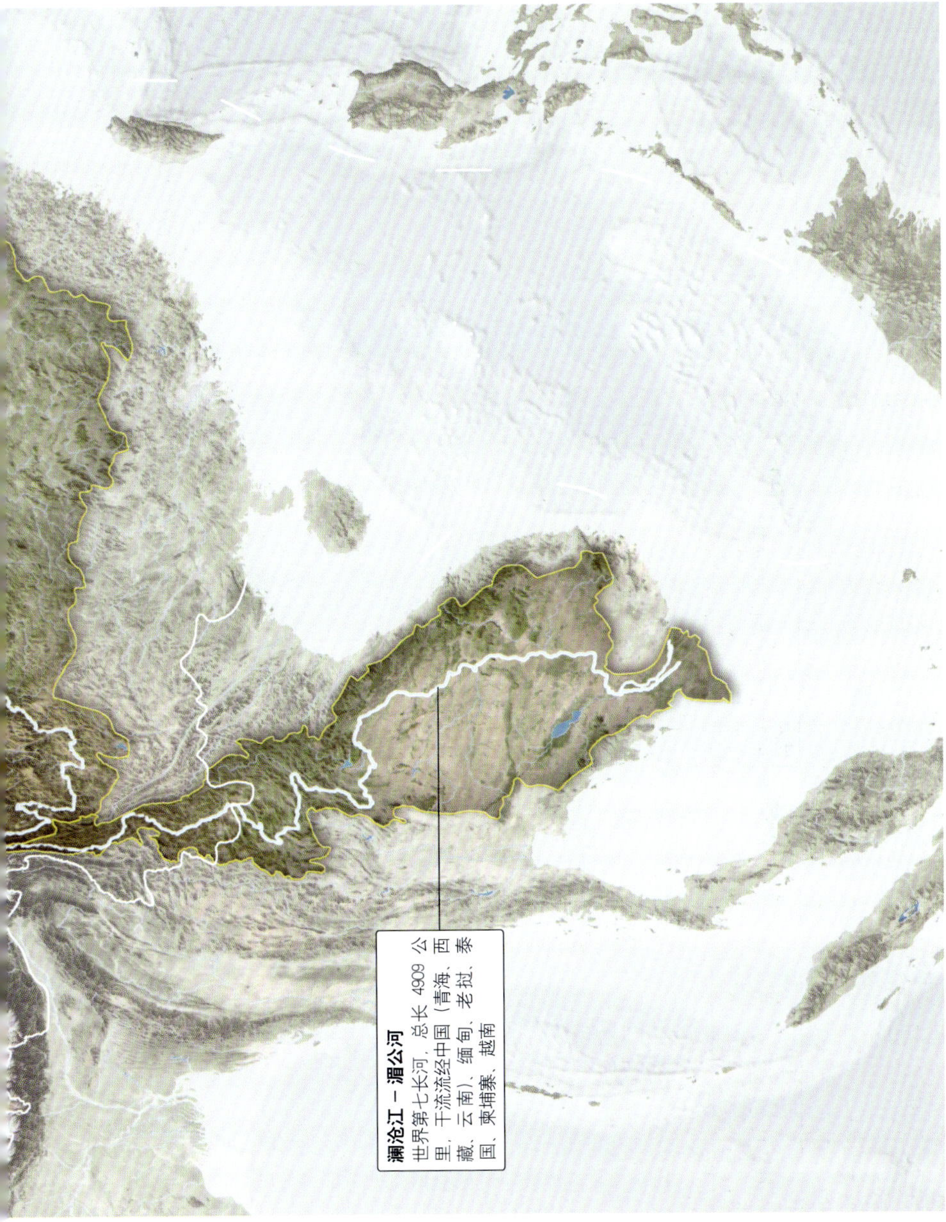
澜沧江－湄公河
世界第七长河，总长 4909 公里，干流流经中国（青海、西藏、云南）、缅甸、老挝、泰国、柬埔寨、越南

三江源国家公园示意图

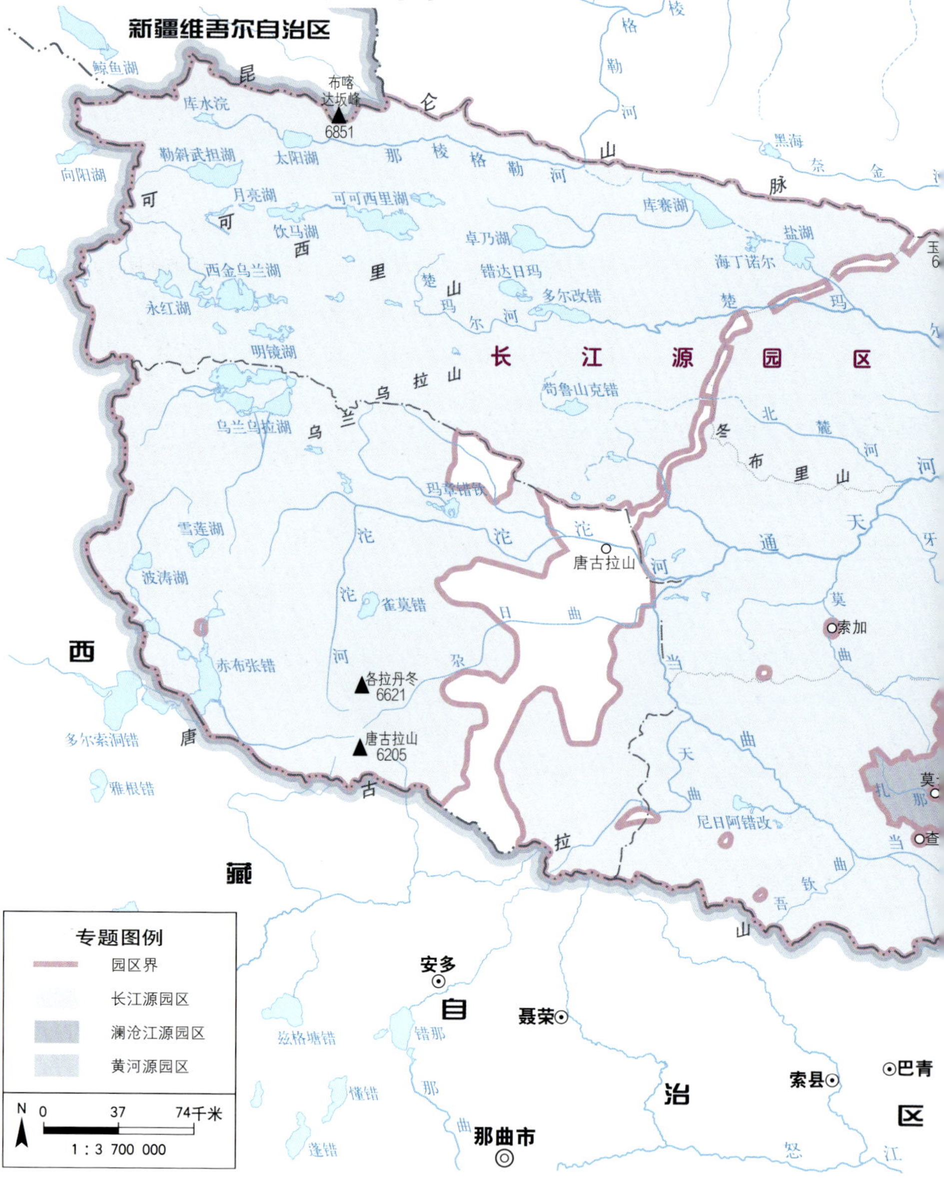
新疆维吾尔自治区
昆仑山脉
布喀达坂峰
6851
鲸鱼湖
库水浣
勒斜武担湖
太阳湖
向阳湖
那棱格勒河
月亮湖
可可西里湖
可可西里山
饮马湖
卓乃湖
库赛湖
盐湖
海丁诺尔
西金乌兰湖
错达日玛
多尔改错
永红湖
楚玛尔河
明镜湖
长江源园区
乌兰乌拉山
苟鲁山克错
乌兰乌拉湖
冬布里山
北麓河
玛章错钦
沱沱河
唐古拉山
通天河
雪莲湖
波涛湖
雀莫错
莫曲
索加
日曲
尕尔曲
当曲
赤布张错
各拉丹冬
6621
唐古拉山
6205
多尔索洞错
雅根错
尼日阿错改
西藏自治区
唐古拉山
扎那曲
当曲
吾钦曲
安多
错那
那曲
聂荣
那曲市
兹格塘错
懂错
蓬错
索县
巴青
怒江
专题图例
园区界
长江源园区
澜沧江源园区
黄河源园区
0
37
74千米
1：3 700 000

察尔汗行委
素棱郭勒河
格尔木市
大格勒
宗加
格尔木河
布尔汗布达山
西宁市
三江源在青海省的位置图
冬格措纳湖
雅拉达泽峰
5214
黄河源园区
扎陵湖
玛多
（玛查理）
花石峡
阿尼玛卿山
玛卿岗日
6282
巴颜喀拉山
麻多
玛曲
卡日曲
扎陵湖
鄂陵湖
曲麻河
叶格
秋智
多曲
黑河
黄河
热曲
查曲
通天河
扎河
治渠
曲麻莱
（约改）
洛曲
优云
黄河
当洛
特合土
桑日麻
建设
巴干
清水河
扎朵
多彩
多彩曲
治多
（加吉博洛）
立新
称多
（称文）
珍秦
扎曲
安冲
隆宝
拉布
仲达
歇武
澜沧江源园区
扎青
杂多
（萨呼腾）
阿多
扎曲
昂赛
结多
上拉秀
玉树市
巴塘
石渠
雅砻江
鲜水河
子曲
下拉秀
觉拉
苏鲁
四川省
东坝
着晓
小苏莽
毛庄
囊谦
（香达）
金沙江
吉尼赛
白扎
娘拉
杂羊
吉曲
西藏自治区
德格

澜沧江源全图

澜沧江源头
多彩
S224
莫
曲
扎
阿
曲
昂
欠
涌
曲
眼睛湖
昂闹村小学
扎西齐哇
莫云
扎
那
曲
子
青
海
S224
扎
扎青
查旦
当
曲
G345
杂多
(萨呼腾)
佐青寺
瓦里神山
阿多
曲
澜沧江源第一湾
昂赛
昂赛大峡谷
当
曲
结多
曲
山水自然保护中心
昂赛工作站
脉
昂
S224
山
唐
古
拉
苏鲁
昂
东坝
S224
S301
杂羊
达那
S205
巴青
西藏自治区
S204
麦迈
G317
S205
索
曲
G317

清水河
S313
扎朵
尕朵
S222
立新
G215
安冲
G574
称多
(称文)
珍秦
G214
G0613
扎
曲
四
川
省
通
天
河
拉布
隆宝
益
曲
省
仲达
G345
歇武
年吉错
上拉秀
玉树市
文成公
主庙
贝纳沟
(勒巴沟)
巴塘
G215
子
曲
下拉秀
巴艾涌丹霞地貌
觉拉
扎
S223
小苏莽
S314
毛庄
着晓
S315
香龙沟
囊谦
(香达)
大阿育王塔
囊谦寺
乃加玛神山
巴
吉尼赛
S224
宗国寺
白扎
娘拉
采久寺
公雅寺
白扎盐场
澜
沧
江
吉曲
昂
G214
尕尔寺
曲
S203
西藏自治区
西
藏
自
治
区
N
0
15.5
31千米
1：1 550 000

寻源澜沧江

从来没有哪一片大地，能像青藏高原这样，同时孕育出三条世界级的大江大河。亿万年来，雄峻无涯的雪山冰川，融化出涓涓细流，向东向南汇聚成黄河、长江与澜沧江。长江和黄河孕育了灿烂而悠久的华夏文明，是中华民族的母亲河；澜沧江则略带神秘色彩，400 多条大小支流汇聚成它的上游扎曲，浩浩荡荡奔向东南，经西藏、云南后跨越国界，滋养了东南亚地区 5 个国家和 20 多个民族，最终汇流入海，完成了“东南亚第一长河”的旅程。

澜沧江源头所在的三江源，历来被称为人类足迹最难抵达之地，也是生物多样性最为丰富的地区。党的十八大以来，习近平总书记多次就三江源生态保护作出重要指示批示，2021 年 6 月在青海考察时，强调“要把三江源保护作为青海生态文明建设的重中之重，承担好维护生态安全、保护三江源、保护‘中华水塔’的重大使命”。三江源国家公园的成立，让这条国际河流逐渐揭开了神秘的面纱，而对于它源头的认知，仍然持续吸引着全球的目光。

这个夏天，我们从唐蕃古道驿站玉树启程，跟随澜沧江走过雪山冰川、草原湿地、原始森林和丹霞峡谷，在山水相依、人文荟萃的秘境囊谦拜访古老的寺院，寻找身怀绝技的艺人，了解守望这片土地的民族和他们传承千年的信仰，偶遇这片家园中自由生长、与人类和谐相处的野生动物，最后沿扎曲溯源而上，在海拔 5552 米的高原湿地中得见澜沧江最初的清澈模样。

这不仅仅是一次简单的寻源之旅，它也让我们有机会真实体验自然之美与生命之美，而这正是三江源国家公园存在的意义，以及我们共同期待的未来。

/ 澜沧江源地区 / 视觉中国 提供

第一章 启程

贞观十五年（641年），文成公主奉旨和亲。由江夏王李道宗率领的送亲队伍从长安出发，沿唐蕃古道经陇西、临夏进入青海境内，一路向西来到柏海。然后队伍跨过通天河，翻越巴颜喀拉山北麓各姿各雅山，途经杂多、当曲，并由此进藏，经历一年多的长途跋涉，到达吐蕃都城逻些。

在中国版图上细溯文成公主当年的进藏线路，可以发现，这支来自中原

/ 从西宁出发，冒雪寻源澜沧江 / 蒋人可 摄

的队伍，竟在1380多年前就由东向西穿越了黄河、长江与澜沧江，横跨了整个三江源地区。

文成公主一行到达玉树后，感动于当地藏族部落首领与民众的热情，在这里驻足停留。当她离开后，藏族人便在此地建立寺庙。当我们从玉树开启此次澜沧江寻源之旅，第一站正是不能错过的文成公主庙和五彩石刻经文。

雕刻在石头上的信仰

离开结古镇，沿214国道南行约十数公里，路左出现了一座规模宏大的藏地寺院，禅古寺（也称创古寺）。驶过那些有着耀眼金顶的建筑，进入贝纳沟（又叫勒巴沟），溪涧草地上，野花已经开得星星点点。当地人在溪水边扎起帐篷，铺开七彩卡垫，一家人围坐，喝茶聊天，内地流行的天幕和户外桌椅在这里已是寻常。

再往里走，两侧巨崖对峙，五色经幡横跨山顶，石壁下有八宝如意白塔，旁边那座红墙金顶的庙宇，就是文成公主庙。

传说文成公主带来的送嫁队伍中，有不少能工巧匠，是他们教会了藏族人如何驭牛耕地，又指导藏族人垒石建房、纺纱织毯。身为虔诚的佛教徒，文成公主不仅沿途刻佛，还把塑像、经书等都当作嫁妆，随行带至吐蕃，深深影响了藏地百姓对佛法的认知。车窗外的景象似乎也在印证这一点，我们在这条唐蕃古道上越往南行，佛教气息就越发浓郁。

贝纳沟的岩壁上，即有文成公主当年亲率工匠雕刻出的唐朝盛行的大日如来佛像。当文成公主一行离开后，当地僧众便开始依照公主的做法，在沟中岩石上雕凿佛像、佛塔与经文。

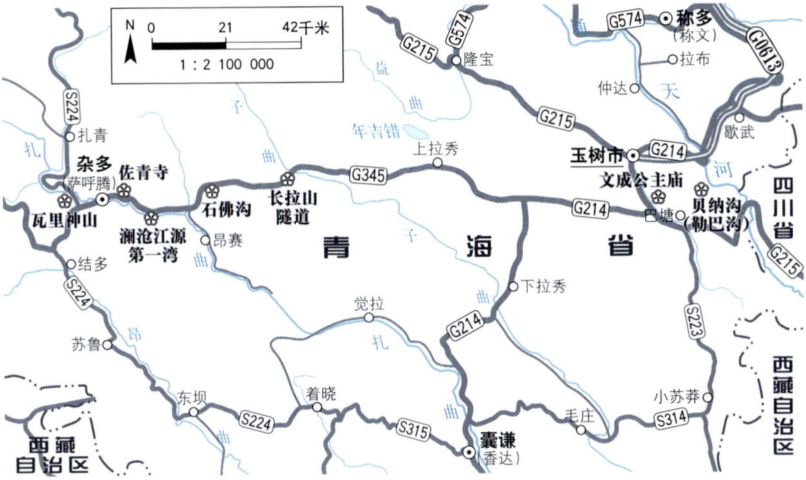

/ 玉树至杂多 /

事实上，生活在这片土地上的藏族人，一直习惯于把他们的信仰雕刻在石头之上。他们在河谷山崖上雕凿经文和佛像，在垭口山坡上堆积出巨大的嘛呢石堆，也在溪流中的石头上雕刻出五色六字真言。整个贝纳沟两边的山崖上，就刻着无数经文和各种佛像，它们都是历年来当地僧侣和民众发愿镌刻的，有些已历经千百年时光。

这些彩色经文仿佛路标，指引着我们继续深入贝纳沟。沟中小溪流水潺潺，水中遍布大小石头，多数都因形就势刻满了五色经文和佛像，被溪水日夜冲刷，当地人称之为“水嘛呢”。两侧崖壁上至今保留着四组雕刻于9世纪初吐蕃时期的摩崖石刻图像。尤其珍贵的是沟口南麓河边岩壁上的一组线刻《赞普公主礼佛图》。画面右侧是一尊释迦牟尼立像，其身侧刻有四身人像，第二身人像身材最为高大，双手捧钵呈虔诚献礼状，从其地位及藏式贵族服饰来看，应是赞普松赞干布；其后手持莲花的女子梳着唐朝流行的双抱

/ 贝纳沟的水嘛呢 / 视觉中国 提供

面发髻，身着无领大氅，明显是位中原女子。

关于这组摩崖石刻表现的内容和涉及的具体人物，学界至今尚未有定论。有说是松赞干布和文成公主的，也有说是赤德祖赞和金城公主的。但当地人都相信，这是如今藏地唯一的文成公主摩崖线刻像，为世人存留了1300多年前文成公主远离故土、和亲他乡的形象，也为文成公主沿唐蕃古道抵达拉萨这一历史事件提供了清晰的注脚。

我们的调研队伍便于此处兵分两路，一路前往杂多寻觅澜沧江之源，一路前往囊谦拜访古老的寺院，了解传承千年的信仰。

翻山越岭后的初见

离开贝纳沟和文成公主庙，沿214国道向南，在上拉秀乡布罗村三岔路口，直奔澜沧江源头而去的我们转入345国道，向西去往杂多。

迎接我们的，是高原上连绵起伏的山峰，云层低垂，仿佛触手可及，阳光不时从云中洒下，在山坡上投下明灭的影子。汽车翻越一个又一个垭口，穿过超过4400米的公路隧道——长拉山隧道，又再次攀升至海拔4750米的查乃拉卡山垭口，然后一路下行，就算正式进入杂多县境内了。

至此，雪山的温柔曲线已经逐渐消失，两侧丹霞地貌初露峥嵘，青色缓坡之上嶙峋赤石突兀升起，山间生长着高原少见的青翠柏树。然而我们仍然没有看到澜沧江的身影。

汽车驶入一条山沟，公路两侧山崖上五色斑斓的巨大经文撞进眼帘，这里就是当地人俗称的石佛沟。不知从何时起，不知由何人始，或为家人祈福，或为往者超度，有人在这沟中岩壁上雕凿出第一行六字真言，渐渐地，当地人因为各种因缘都会来这里雕凿经文和佛像、佛塔。

靠近沟底的石壁往往最先被刻上经文，然后又往更高处的石壁上开凿，在看似无法到达的绝壁悬崖处，同样布满了五色经文，一些经文历经风雨已漫漶难辨。这些经文中一个大的字母差不多有一米见方，最大的一龛莲花生大师像高达十数米，据说是杂多县一个家族花费三年多时间才雕凿完工的，大师端坐于莲花座上，低眉敛目，神态安详。

驶出石佛沟，澜沧江突然出现在身边，7月的杂多雨水频频，河面宽阔，河水也变得浑浊而汹涌。路边的指示牌表明，我们已到达昂赛乡。

很快，澜沧江就给了我们第一个惊喜。

路边一块写着“澜沧江源第一湾”的路牌，指示我们向右拐进一条颠簸小径，开至无路可走之处，就看到了澜沧江源第一湾的壮观。汹涌而至的河水冲破石山的阻挠，拐出一个曲线优美的巨型“S”，不知何年崩塌的巨石停留于水中，河水咆哮着迎上去，溅起雪白的浪花，又从两侧分流而下。古老的经幡跨越河岸，在空中翻飞，水中石头上的五彩六字真言随处可见，藏族一直以这样的方式，在山水间表达着他们对自然的敬畏。

从上游奔涌而来的澜沧江，冲开这峡谷用了何止亿万年时间。今天，飞速发展的路桥建设技术却能劈开山梁，架起高桥。澜沧江源第一桥径直跨越澜沧江源第一湾，驶过大桥，溯流而上不过半小时，我们就到达了澜沧江源第一县——杂多。

/ 俯瞰澜沧江源第一湾 / 喻鹏 摄

澜沧江源第一县和冬虫夏草之乡

杂多，在藏语中意为扎曲（澜沧江）源头，在地理位置上也是距离澜沧江源头最近的行政县。从县境西北方向吉富山终年积雪的盆地中涌出的清澈泉水，汇聚成扎阿曲，与从扎西齐哇湖流出的扎那曲相遇后，成为澜沧江上游的扎曲，一路向东来到杂多。

生活在这片土地上的藏族人逐水而居，放牛牧羊，唐蕃古道穿过这片雪山草地连通西藏，1300多年前的文成公主也曾走过这片河流纵横的大地。而今天，345国道将杂多与外界紧紧相连，三江源国家公园澜沧江源园区的成立，为世人打开了一扇了解杂多的窗口，昂赛大猫谷的雪豹（国家一级保护动物）吸引着人们前来打卡，近年来市场价格居高不下的虫草又为杂多人带来了富足的生活。雪豹与冬虫夏草（以下简称虫草），正在成为杂多的两个标签。

杂多县政府所在地是萨呼腾镇，澜沧江自西向东穿城而过，连接着新老两个城区。老城区中最热闹的地方就是虫草广场。

杂多是著名的虫草之乡，每年5月底到7月初是当地的虫草季。我们到

/ 俯瞰群山环抱中的杂多县 / 喻鹏 摄

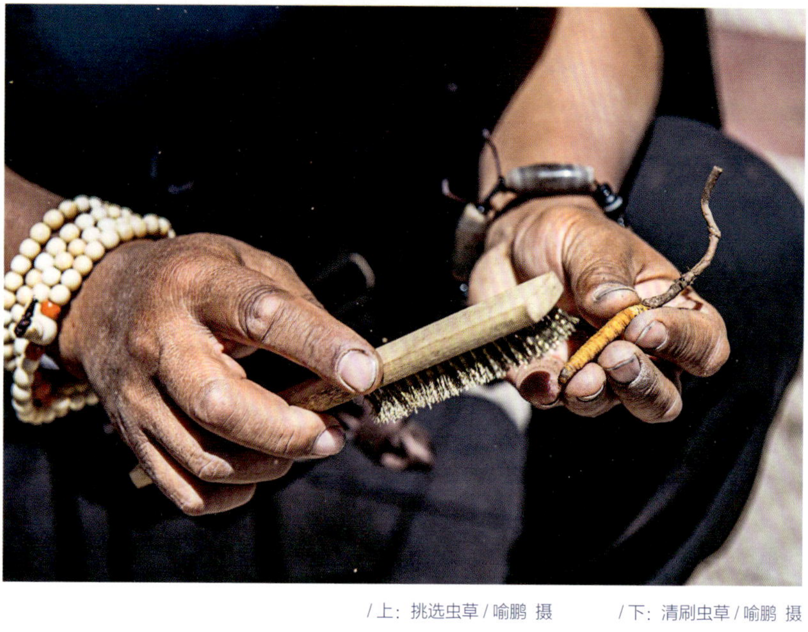

/ 上：挑选虫草 / 喻鹏 摄　　　/ 下：清刷虫草 / 喻鹏 摄

来时正赶上虫草季的尾声，主街上挤满了挂着各地牌照的汽车，虫草广场上人潮拥挤，挖虫草的牧民与外来的商人都聚在这里，临时扯开摊子。他们围成一个个小圈子，头碰头地看着手里的小簸箕，端详着每一根虫草的个头大小，讨论着价格。

讨价还价是男人间的事情，女人一般都在人群后忙着用小刷子把一根根裹着泥土的虫草清刷干净，露出它们浅黄色的虫体。肢体完整、个头较大的虫草一根可以卖到100元左右，小的也要五六十元一根。谈好价格，清点数量，装进小塑料袋里，一笔生意就完成了。不少人还是采用传统的现金交易，厚厚一叠钞票揣进兜里，满足的笑容就挂在了脸上。

冬虫夏草，在藏语中称为“牙加梗布”，凭借奇特的外形自带神秘光环。曾几何时，虫草被热炒为抗癌神药、滋补极品，再加上产量较少、极难采摘，市场价格长期居高不下，堪比黄金，最高时竟达20万元/斤。

虫草只生长在海拔3000米以上的西部高原地区，四川、甘肃、青海和西藏地区都产虫草，但业内公认最好的还是青海玉树出产的虫草，这其中又以杂多县扎青乡和苏鲁乡的质量最高。

每年5月底，高原地区冰雪初融，虫草破土而出，此时是挖掘虫草的最好时机。虫草季期间，全县会上演“虫草总动员”。整个县境实施交通管制，车辆出入都要凭州上相关部门开具的通行证。扎青乡、苏鲁乡等地的牧民早早地就开始采买各种生活保障物资，在自家分到的草山下安营扎寨；不产虫草的查旦乡、莫云乡等地的牧民也会在政府的统一安排下，进入扎青乡等盛产虫草的地方采挖。

挖虫草其实是件非常辛苦的事，当地人会拖家带口齐上阵，在野外山下扎起帐篷，每天上山挖虫草，就连学校都会放虫草假，让学生回家跟家人一起挖，一个多月的辛苦，基本能换来全家一年的生活保障。人们早出晚归，每天都要爬到海拔4500米左右的山上，匍匐在草地间，一寸一寸地寻找着隐藏在杂草中的那不过几厘米高的虫草“头部”。经验老到的挖掘者会根据这个高度估摸出土里虫草的长度，再找准挖掘点，用小锄头轻轻将虫草完整地挖出，然后将挖出的泥土连同草皮一起回填。多少年来，当地人都是这样做的，挖掘的土洞被回填后能让草皮继续生长，草山在第二年春来又会满山青翠，新生的虫草也给牧民带来新一年的收成。

陪同我们的是澜沧江源园区管委会环境执法大队的马玉章队长。他告诉我们，虫草季全民上山挖虫草，但生态管护员同样也要履行自己的职责。大量人马涌入河滩与草山，必然会产生很多生活垃圾，挖掘的过程中也难免会破坏草皮灌丛，生态管护员在挖虫草的同时，仍然坚持捡拾野外的生活垃圾，并指导大家在挖完虫草后尽量恢复草皮原状。

这段时间，街上的大小商铺也都热闹起来，毕竟两个月里有那么多采挖虫草的家庭，其生活物资和日常开销都是巨大的商机。虫草商则怀揣大量现金守在各个乡镇和虫草市场，收购牧民们每天从山上挖出来的新鲜虫草，以最快的速度把它们送往全国各地。

此时，虫草季的高潮已经结束，最后这几天，外地人也可以进来挖虫草了，河边草滩和山脚草地上仍然挤满各色帐篷，人们每天一大早就带着小锄头和干粮，爬到更高的山坡上，期望挖到一些“漏网之虫”。而当地人大多已经挖到最好的虫草，腰包鼓鼓囊囊了。

在杂多，有这么一种说法：7月谁家烟囱还在冒烟，那这家主人就太抠门了。是啊，辛苦一个多月，是该天天去饭馆犒劳自己了。这个时候的萨呼腾镇，更带着一种热气腾腾的烟火气，主街上车水马龙，尘土飞扬，各色人等摩肩接踵。在高原天气最好的7月里，人们抓紧虫草季结束后的短暂时间，尽情享受丰收之后的喜悦。

◇◆◆佐青寺

杂多城东山谷中有座佐青寺，由宁玛派高僧白玛仁增创建于清康熙二十三年（1684年）。进入山谷，远远就能看见半山上那座金碧辉煌的巨型莲花生大师塑像，从2023年起，寺中僧人为塑像加盖了高大的红色神殿，更加醒目。寺院建筑众多，依山势错落分布，较低处的大经堂中保留着不少老唐卡和壁画，可趁僧侣早课时入内参观。巨型佛像东侧还有一座古朴的八角坛城，殿内也供奉着莲花生大师像，如需参观可请旁边僧舍的管家开门。寺后山坡上，有历年来堆积的经幡堆和嘛呢石堆，有时间可登高望远，远处雪山草原尽收眼底。

守护澜沧江的瓦里山

穿过拥挤不堪的老城区向西北方向去，抬头就能看到天边的瓦里山。这是澜沧江源头最大的山，主峰海拔5452米，藏语名字是“诺布吾巴”，意为发光的珠宝。传说这里曾是莲花生大师的修行地，17世纪康巴藏区著名的掘藏大师卡久多杰根据莲花生大师的预言，曾在山中掘出了17种伏藏，岩石间也留下了诸多藏地高僧当年的禅修洞。

瓦里山的海拔在藏地虽然不算太高，但山形奇特，平缓的山坡上突然生出林立石峰，石色赤红，远远望去仿佛向上升腾的燃烧火焰，如果转到另一面，换个角度看去，山势又柔和起来，像蓝天下一朵盛开的石莲。面东的山脚下，是一片宽阔的平缓草滩，草滩上矗立着数十座圆形经幡堆，有的工匠坐在经幡堆旁，用铁钎和铁锤在白石上凿刻六字真言，也有工匠在忙着用泥土和模具制作擦擦，一种翻模成型的泥塑小佛像。转山的人从此间经过，一般都会请上一块嘛呢石或是几个擦擦，作为敬献给山的供品。

来到山脚下，已近傍晚，没想到来此转山的人仍然络绎不绝。一打听才知道，原来今天是藏历五月十五，正好是一年一度的煨桑日，当地人都习惯来到这里，转山祈福或是在山下煨桑敬香。我们还真是赶巧了，遇上了这个

/ 瓦里山 / 喻鹏 摄

传统节日。

沿山下热瓦沟进去，很快就能看到转山步道入口。小溪边同样有巨大的嘛呢石堆和转经筒长廊。跨过小溪，跟随几位转山的阿姐踏上步道，她们不太会说普通话，淳朴的笑容加上简单手势，应该是在邀请我与她们一起转山。小径很窄，两边有半人高的铁丝网栅栏，栅栏上缠绕着五色的经幡，像路标一样在山间指引出曲折向上的道路。栅栏内的草地上，开满了黄色、紫色与粉色的小花，这是高原上最常见的野花色彩。

跟着阿姐们走了一小段山路，发现这转山道比看上去来得陡峭，刚从平原一天之间来到高原的我们已经有些力不从心。保险起见，我们与阿姐们挥手道别，返回山脚。

溪边草滩上，附近寺里的觉姆们刚刚在这里举行了煨桑活动，现在正在齐心协力地拆除帐篷，收起家具茶具，一趟趟往回搬运。有几位小觉姆带着蛇皮口袋，细心地捡拾着草丛中、溪水边的各种垃圾，准备全部打包带走。我拾起脚边的一个空饼干包装袋，对面的小觉姆立即默契地打开蛇皮袋，腼腆地笑着示意我扔进去。在藏地，淳朴的环境保护观念与生俱来，这样的举动在人们的日常生活中随处可见。

回到公路边，仰望瓦里山，目力所及之处，能看到岩石间有一些天然洞穴，有的门口用石头垒砌着简陋的门窗，据说这是当地僧侣苦修之处，他们靠着简单的食物与水在山间修行，期望山能在某日助自己修成正果，领悟佛教经义中的美妙。而之前短暂同行的转山人，已经走到了山脊上，傍晚的阳光映出了她们虔诚前行的身影。

陪同我们来到杂多的司机江永是玉树人，对传统的煨桑日自然早有准备。在他的建议下，我们驱车上山，来到了瓦里山的背面，海拔超过4700米的瓦日拉垭口。路边已经停了不少车辆，山坡上有很多当地人一边念着经文，一边将风马旗抛向天空。几位年轻男女一路向上，在更高处的经幡堆前掏出几卷崭新的经幡，缠绕到原来的经幡上，这也是祈福的一种方式。身着镶边藏袍的阿妈带着打扮得花枝招展的小孙女来到草坡上，小女孩在草丛间捡起几块小石头，在阿妈的指导下垒起了一个小小的嘛呢石堆。

这里的经幡林规模巨大，一座接一座，连绵不断地延伸至峰顶。江永从后备厢里抱出一个装满风马旗的纸箱，我们量力而行，爬到半山上的大经幡堆前就停了下来。这里离天已经很近，白云近在眼前，仿佛一伸手就能拽下一朵。拿起一沓风马旗，我们跟着江永有样学样地向空中抛撒，垭口风大，瞬间就将这些彩色的风马旗卷上天空，旋转着飞进云层，又纷纷扬扬地落回草地上。

摄影师将无人机放上天空，拍摄瓦里山全景。透过显示屏可以清晰看到，在傍晚的阳光下，瓦里山守护着杂多县城，澜沧江似一条闪光的黄色绸带穿过城区。而后，我们将逆流而上，去寻访神秘的澜沧江源头。

◇◆◆煨桑日

传说，赞普赤松德赞在修建藏地第一座寺院桑耶寺时遭遇障碍，莲花生大师便创作了煨桑的经文仪轨，在藏历五月十五那天举行盛大的烟供，上供天龙八部，发愿顺缘祈福。此后，藏历五月十五就被定为煨桑日，藏语称“藏岭吉桑”。这一天，藏地民众都会身着盛装，或去寺院煨桑敬香，或来神山垭口、圣湖水边，转山转湖，敬献哈达，抛撒风马旗，祈祷自然安宁、家族兴旺、身体健康。一些地方还会举行盛大的赛马、跳锅庄舞等集体庆祝活动。

放下牧鞭守护绿色江源

专题 ◆ 祁万强

/藏原羚/耳东 摄

三江源国家公园地貌类型丰富，属于高原气候带，具有气候的多样性和生态环境的复杂性，从而形成了丰富且独特的生态系统——草地生态系统、森林生态系统、荒漠生态系统、湿地生态系统，组成了五彩斑斓的生态景观。

青海省玉树藏族自治州杂多县昂赛乡境内的昂赛大峡谷，拥有300多平方公里的白垩纪丹霞地质景观，被称为“青藏高原最完整的白垩纪丹霞地质景观”。澜沧江源园区的管护员都是当地牧民，他们在日常巡护中时常会看到雪豹、岩羊、白唇鹿、赤狐等珍稀野生动物的身影。

昂赛大峡谷有丰富的野生动植物资源，在保护生态的前提下，澜沧江源园区管委会尝试开展生态体验游。在山水自然保护中心的培训和指导下，园区管委会和昂赛乡政府从当地牧民当中选拔20余人，学习红外相机和望远镜操作技术，这些牧民迅速成为开展生态体验活动的受益者。

扎西尼玛自从担任生态管护员一职后，主动减少了自家的牲畜数量，日常和牧民一起巡护草原。自从乡上鼓励牧民开展生态体验活动，他在家门口开了一家小卖部，还搭建了一顶帐篷，置办了厨具，为慕名而来的游客提供牛羊肉、酥油茶、糌粑等食物，有效拓展了家庭的收入渠道。

对世代逐水草而居的三江源地区牧民而言，放牧是大多数人唯一的生存技能。在三江源国家公园体制试点期间，引导禁牧减畜后的牧民参与国家公园的保护和管理，使其从中受益并实现脱贫致富，是政府的主要任务之一。

一只豹猫（国家二级保护动物）趁着夜色进入了红外相机前的洞口，几分钟后，它似乎受到了惊吓，迅速窜了出来。这时候洞里一只欧亚水獭（国家二级保护动物）探头探脑地也钻了出来。原来，这里早已是欧亚水獭的领地。豹猫喜欢吃鱼，它们一旦发现洞内有欧亚水獭吃剩的鱼，就会趁机进入洞中偷鱼吃。2018年一个夏夜，这场豹猫和欧亚水獭之间的争夺战，被红外相机清晰地拍到了。

在玉树囊谦县白扎林场，一只雌性雪豹带着两只小雪豹享用捕获的牦牛，这一国内首个该类型彩色高清影像资料也被红外相机完整地记录了下来。

随着三江源国家公园生态监测网络基本建立，信息化资料收集水平显著提高，澜沧江流域的杂多、囊谦更是连续记录到雪豹活动的踪迹。这一带是青海省雪豹活动最频繁的地方，特别是索加、扎河、叶格、曲麻河、昂赛和扎青等地，由于保存着大面积相对完整的栖息地，雪豹种群数量一直保持稳定，并呈上升趋势。

2019年初，三江源国家公园澜沧江园区管委会等有关部门，联合向外界发布了一组生物多样性监测画面，画面中涵盖金钱豹、雪豹、藏雪鸡（国家二级保护动物）、赤狐、兔狲等大量珍稀野生动物。建设生态环境大数据中心，为三江源地区，特别是园区内生态保护、自然资源管理等提供了支持，为园区功能区划动态管理提供了依据，这是三江源国家公园探索建立生态保护新机制的又一大重要经验。

信息化技术撑起了三江源生态环境监测监管，三江源国家公园通过实施生态监测和基础地理信息系统建设工程，整合先进监测手段，运用通讯传输和信息化技术，实现了三江源地区环境、生态、资源等各类数据的高密度、多要素、全天候、全自动采集，建立了“天空地一体化”的生态环境监测评估体系和数据集成共享机制。

如今，三江源国家公园的工作人员可以随时通过远程视频，实时察看鄂陵湖、扎陵湖、昂赛大峡谷等点位的情况，也可以与不同园区的不同管护员进行视频交流。

我们欣喜地看到，随着三江源国家公园的建成，结合乡村振兴战略的实施，加快推进三江源国家公园生态保护与发展体制机制示范村建设试点工作，鼓励支持牧民以投资入股、合作劳务等多种形式开展特许经营项目，发展第三产业，促进增收致富，是一条长远而可行之路。

/ 喜马拉雅旱獭 / 蒋人可 摄

对玛多县生态管护员才昂仁增来说，他不仅能感受到牧草长高了、野生动物增加了、环境更好了，而且觉得自己所从事的是一项神圣的工作，是一件为子孙造福的工作。

从普通牧民转变为一名生态管护员，才昂仁增放下牧鞭，加入生态保护的行列。三江源国家公园实施的“一户一岗”制度，把和他一样的建档立卡贫困户纳入网格员公益岗位，实现了从被动接受管理向社会管理参与者的转变。生态管护员岗位的设置，让世代居住在草原的牧民改变了生产生活方式，越来越多的人端起了“生态饭碗”。

如今的青海大地上，4.3万名牧民群众由草原利用者转变成了生态管护者，青海儿女正在点滴行动中汇聚着不断筑牢国家生态安全屏障的大爱，在保护家园的行动中促进人与自然和谐共生。

（本文作者为《西海都市报》记者）

第二章 溯源

中国人历来讲究正本溯源，长江与黄河的源头所在，早在数千年前的古籍中就有记载，但关于澜沧江，其源头所在，却迟至百余年前才有所提及。

对大多数中国人来说，澜沧江或许只存在于地理常识中，但如果我们溯源而上，就会发现，澜沧江其实与长江、黄河发源于同一片高原。它纵贯横断山脉，向南流经西藏、云南，出境后称为湄公河，一路塑造出峡谷、湖

/ 雪地中的藏原羚 / 视觉中国 提供

泊、湿地、雨林等不同的风景，也承载着各地人民的宗教和信仰，滋润了老挝、缅甸、泰国、柬埔寨和越南的广袤大地，最终在胡志明市汇入印度洋。

澜沧江源头所在之地，雪山冰川环绕山谷草原，万物有灵自由生长，在地文化丰富多彩。2023年5月与7月，我们在不同的季节两度溯源澜沧江，邂逅了迥然不同的风景，体验到了同样饱满的热情。

历史上的澜沧江源头之争

对澜沧江源头的寻访，似乎没有长江与黄河那样令国人执着，相关记载在古代典籍中几乎难觅踪迹。

明末旅行家徐霞客的游历足迹遍及大半个中国，他在云南地区待了很长时间，曾详细记载澜沧江两岸的自然风貌与风土人情，但不知为何，他在《江源考》一文中指出了金沙江为长江上源，却只字未提澜沧江上源来自何处。直到19世纪60年代，才有外国探险者踏上寻访澜沧江源的旅程，但杂多境内那纵横交错的百余条支流，让十余支外国探险队无功而返。

20世纪初，甘肃天水人周希武曾深入玉树地区，考察当地山川风物，在他的著作《玉树调查记》中出现了关于澜沧江源头的描述："澜沧江上流有二源：北曰杂曲河，南曰邪穆曲河。"据推测，他关于扎曲（即杂曲）的认知应当是来自杂多地区当地人的说法，这也为后人留下了极为宝贵的资料。

扎曲，在藏语中本意是指水流众多的河流。在澜沧江源区，关于澜沧江源头的传说有很多，被认可的至少有南源、北源和文化源头扎西齐哇（也写作扎西乞娃）。南源名叫扎那曲，发源于查旦乡齐荣村境内的扎那日根山，北源扎阿曲发源于扎青乡昂闹村境内的吉富山，文化源头扎西齐哇湖则由五

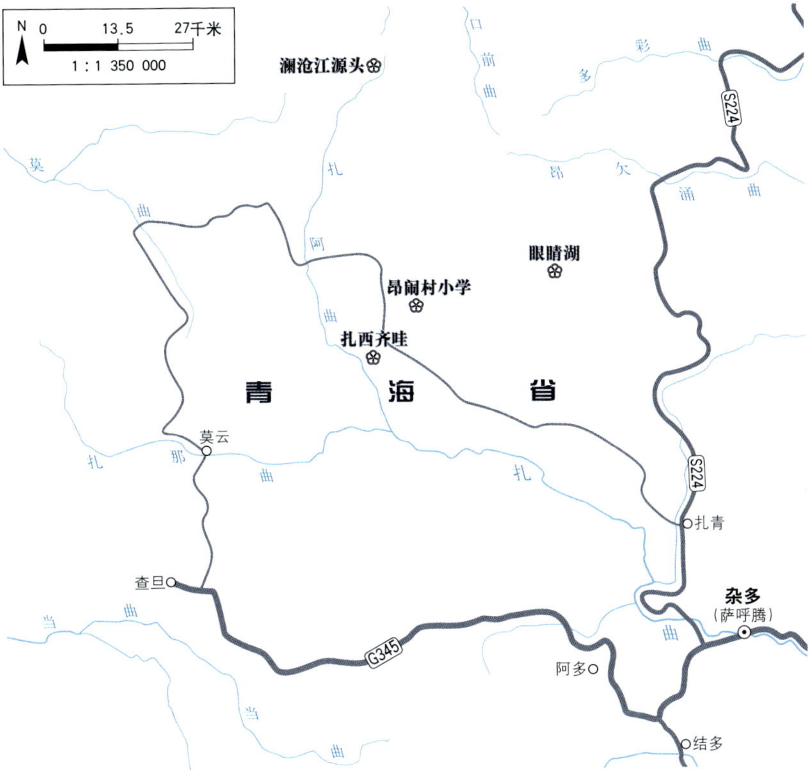

/ 澜沧江源头 /

世达赖喇嘛命名。

清顺治九年（1652年），五世达赖喇嘛在从拉萨前往北京的途中经过杂多，在扎青乡境内的群果扎西滩接受了当地部落的热情接待。次年返程，他又在此驻留，见草原湿地上泉眼众多，湖泊如镜，清水汩汩，便认定这里是扎曲河神居住之地，将其命名为扎西齐哇，意为“吉祥绕聚的源头”。自那以后，当地民众便将这片湿地视为澜沧江的源头，世代来此朝圣。

时间来到1999年夏天，有两支中国科考队几乎同时进入杂多澜沧江源区

/ 被澜沧江上游子曲环绕的嘎丁寺 / 视觉中国 提供

进行科学考察。6月27日，由刘少创博士带领的中国科学院遥感所科考队确定北源扎阿曲所在的扎青乡境内吉富山冰川融水为澜沧江源头，并将一面蓝色旗帜留在了冰川边上。紧接着，以中国科学探险协会副主席高登义为队长的德祥澜沧江源头科考队，在7月19日认定北源扎阿曲的另一条支流、由果宗木查山冰川融水汇成的拉赛贡玛才是澜沧江源头，并在这里立了一块“澜沧江源头”石碑。事实上，吉富山源头与拉赛贡玛源头相距不过6公里，谁是澜沧江最初的起源，双方各执一词，但至少可以肯定的是，由两条支流汇合而成的北源扎阿曲，就是澜沧江的正源。

关于河流正源的确定，国际上一直遵循河源唯长、水量唯大和与主流方向一致的三个标准。为了更好地确认澜沧江的正源，2002年9月与2008年9月，刘少创又两次率队进入澜沧江源区，运用科学手段测量扎阿曲支流的长度、水量与流向，经过详细分析与计算，最终认定，扎阿曲的源头就是澜沧江正源，它出自海拔5552米的吉富山。2008年9月20日，科考队在吉富山源头处设立了“国家地理标志”。从这里开始，澜沧江开启了它近5000公里的流程。

扎青乡和生态管护员

在澜沧江的三个源头中，文化源头扎西齐哇最富有人文色彩，湿地风光也美。5月第一次到杂多，我们就决定前往扎西齐哇。

5月中旬的内地，早已是暮春初夏的好天气，没想到来到杂多的第二天，高原恶劣多变的气候就给了我们一个下马威。

陪同我们前往澜沧江源的是园区管委会环境执法大队的队长马玉章，离开县城沿扎曲一路向西，进入扎青乡境内没多久，马队长就向我们展示了他敏锐的观察力。

“快看左边，坡上有狐狸！”

“哪里？我怎么没看见？”

顺着马队长手指的方向，我和摄影师凝神好一会儿，才发现了土坡上果真蹲坐着一只狐狸，个头不大，毛色灰黄，几乎与光秃秃的土坡融为一体。透过长焦镜头看，这只狐狸有张大方脸和一对小眼睛，难道就是传说中的表情包藏狐（国家二级保护动物）？

藏狐这种生物，虽然属狐狸一族，却没有狐狸那样的妩媚与狡黠，它靠捕食高原鼠兔为生，这几年频频以腿短脸方和蔑视一切的迷之眼神而出圈。在澜

/ 打闹的藏狐 / 视觉中国 提供

沧江源区，藏狐的生存环境已经得到改善，在高山草甸上发现藏狐其实不难。

没过多久，马队长又指挥司机停车，这一次，他说右边山上出现了一群岩羊（国家二级保护动物）。毫无疑问，我们又是找了半天才发现了这群岩羊。先是两三只，然后更多岩羊从背景色般的岩石间显出身形，大致数了一下，这群岩羊竟有三十多只。它们在岩石间自如地跳上跳下，间或又停下脚步，警惕地凝视远方。

“这么多岩羊出没，会不会这里也有雪豹？”我问道。马队长告诉我们，扎青乡本来就是“雪豹之乡”，境内的雪山冰川、高山草甸为雪豹提供了成片的栖息地，活跃在这片区域的岩羊和藏原羚（国家二级保护动物）则是它们充足的食物来源。在山水自然保护中心发布的2023年第二季度红外相机拍摄数据中，地青保护地的55台相机共在38个位点捕捉到165次雪豹出现，还发现了猞猁（国家二级保护动物）、狼（国家二级保护动物）和兔狲（国家二级保护动物）等肉食动物。

可惜这样愉快的时刻没能持续多久，大雪突然降临，纷纷扬扬的雪花模糊了视线，前方的公路很快消失在雪中，难觅踪影。这时候手机也没了信号，在这种糟糕的天气下，单车出行的危险不言而喻。

我们理智地放弃了继续前往澜沧江源头的计划，迅速沿原路返回。雪越

致敬世界巡护员

与老师、护士和消防员一样，工作在三江源国家公园第一线的生态管护员也有属于自己的节日——每年7月31日是“世界巡护员日”，这一节日由国际巡护员联盟和绿色前线基金会在2007年共同发起设立，旨在向全球各地的自然巡护员表示关注和感谢，并纪念在工作中受到伤害甚至献出生命的巡护员。

巡护员是指从事野生动植物保育和自然环境保护工作的相关人员，职责包括巡护、报告、执法、防火、观察、监测、维护保护设施等，我国目前有70多万名巡护员。在三江源国家公园，巡护员由当地牧民组成，又叫生态管护员，其中，澜沧江源园区就有7753位生态管护员，他们大部分时间都在野外巡护，面临恶劣天气的考验和野生动物的袭击，守护着这片生机盎然的大地。

/ 在野外巡护的生态管护员 / 蒋人可 摄

下越大，公路两侧的路基都已掩没在雪中，凭着马队长对路况的熟悉，我们小心翼翼地回到了扎青乡镇上，临时决定去生态管护站避一会儿雪。

时值中午，生态管护站里正好有几位生态管护员在休息。5月底，杂多虫草季即将开始，所有生态管护员都要赶在上山挖虫草之前对辖区进行一轮全面的环境整治，此时还有更多管护员正冒着风雪在山上巡护。

喝着热气腾腾的奶茶，生态管护员聊起了他们的工作日常。

他们都是扎青乡地青村的牧民，生态管护员是他们的“兼职”身份。

地青村是杂多县城以西扎青乡境内的一个小村庄，四周十几座雪山融水形成的涓涓溪流汇成布当曲，蜿蜒流经村庄，这是澜沧江上游重要的支流。河流两岸草原雪山连绵，更高处是嶙峋耸立的石山，众多野生动物就生活在这片祥和的土地上。

自从三江源国家公园体制试点实施以来，住在澜沧江源园区内的牧民家庭，实行“一户一岗”政策，每家有一人成为生态管护员，每人每月有1800元劳动报酬，主要任务就是保护澜沧江源头的生态环境和野生动植物。他们通常是几个人为一组，骑马或骑摩托车巡视布当曲河岸和高山草原，沿途捡拾垃圾，观察和记录野生动物的状态，制止各种破坏生态环境的行为。

说起管护员的工作，大家纷纷表示，辛苦是有的，冬天下着暴雪他们也要出门巡视，忍饥挨冻那是常事，遇到受伤的野生动物他们会及时救助并报告有关部门，遭遇猛兽袭击的事情也会发生。这些年来，大家亲眼看到生活环境改善了，家乡变得干净了，家里收入也增加了，这些，都要感谢党的政策好。

闻讯赶来的扎青乡党委副书记索南加入了我们的聊天，据他介绍，政府对生态管护员的管理非常人性化，制定了生态管护员公益岗位管理办法和绩效考核实施细则，劳动报酬发放百分百到位，内部还有奖惩制度，管护站会根据每位管护员的日常工作状态来评分，没有完成任务的扣钱，表现特别好的奖励——“这位就是我们扎青乡管护站的明星管护员，公巴白玛。”

/5月依旧风雪交加的澜沧江源地区/蒋人可 摄

公巴白玛是位笑容腼腆的中年藏族汉子，穿着一件蓝色管护员制服，用不太利索的普通话与我们打着招呼。他是地青村一组的牧民，从2017年就成为一名生态管护员，目前是生态管护小组的组长。6年来，他和家人救助过不少受伤的野生动物，有摔下悬崖受伤的雪豹，也有暴雪后在雪地里冻僵的岩羊和白唇鹿。公巴白玛打开手机相册，找出那些他救助过的动物的照片，如数家珍地展示给我们，“看，这是我救过的岩羊，这是雪豹……”

最让公巴白玛难忘的是2019年年初的那场雪灾。当时大雪连续下了好几天，野外冰天雪地，牧草都被积雪压住，岩羊、藏原羚、白唇鹿（国家一级保护动物）等食草动物面临着饥饿和寒冷的双重打击，公巴白玛就带领家人把自家喂养牦牛的草料一趟趟背到山上，扫开厚厚的积雪，把草料铺好，来喂养野生动物。

有一天，他在上山投放草料的途中，发现一只被积雪掩盖、已经奄奄一息的小岩羊，立即把它从雪里刨出来，裹在藏袍里小心翼翼地抱回家中，又赶紧找出氨基酸和葡萄糖，用针管一点一滴地喂给小岩羊。多次救助野生动物后，他已经习惯在家中常备这些急救物品。

就在这场雪灾中，公巴白玛先后救助了两只岩羊和一头白唇鹿，而他在山中投放的草料，让更多野生动物安全渡过了这场雪灾。

公巴白玛家所在的地青村位于澜沧江源园区，雪豹、金钱豹（国家一级保护动物）、狼和棕熊（国家二级保护动物）等猛兽时常出没，缺乏食物的时候，雪豹和狼偶尔会下山捕食牧民放养的牛羊，棕熊更喜欢闯入牧民家中，寻找过冬的食物，大搞破坏。有时候，一个冬天，公巴白玛家要损失好几头牦牛。但是，公巴白玛和其他牧民从来没有想过去伤害雪豹和棕熊来报复。敬畏自然与生命，是藏族人流淌在血脉中的信仰，成为生态管护员之后，这种淳朴的信念中又多了一份守护生态的责任感。

“扎青乡牧民生活区与澜沧江源保护区是有重叠的，野生动物伤害家畜的事情无法避免，但政府也不会让牧民白白损失。”索南副书记告诉我们，近几年，山水自然保护中心和自然基金协助乡政府在地青村开展了人兽冲突帮扶项目试点，推行人兽冲突保险基金，由澜沧江源园区管委会和山水自然保护中心分别拿出部分资金，当地牧民给自家每头牛投保3元，牧民家的牦牛被野生动物咬死吃掉后，在商业保险无法理赔的时候，就可以申请标准更低、更人性化的人兽冲突保险基金，一头牛赔偿1000元，一只羊赔偿300元。

同时，山水自然保护中心的工作人员也会在国家公园和全球环境基金项目的支持下，定期来村里进行一些防熊措施的尝试和评估，例如安装红外相机实时监控，还可以设置声音驱赶器，或者在室外安装刀片围栏、铁刺窗户等防护设备。"目前看来，这些措施起到了一定的预防猛兽进屋的作用。牧民的利益与安全得到了保障，他们当然会发自内心地爱护生态环境。"

窗外的雪依然没有停止的意思，等待天气好转后再去源头的愿望也落空了，我们不得不告别大家，返回了杂多县城。

寻访澜沧江文化源头，只有留待下次了。

文化源头扎西齐哇

7月，我们重返高原。此时正值一年中最好的季节，丰沛的雨水充分滋润了草原，植被获得快速生长的能量，绿草茵茵，一直铺陈到天边。草原上的野花都开了，紫色、粉色、蓝色、黄色的微小花朵，星星点点地点缀着草原。阳光热烈地打下来，仿佛带着灼热的重量，高原上的生灵也进入繁殖育幼的活跃期，新生命已经诞生，种群数量增加了，在野外更容易觅得它们的身影。

仅仅不到两个月，我们再次来到杂多扎青乡，风雪已然消失，眼前所见就是这一派青山绿水的盎然生机。途中，马队长还招呼我们注意河滩上的动静，原来，正有几头白唇鹿从山坡上一路下到河边饮水。上山的牧民与下行的白唇鹿恰好同框，各行其道，互不打扰。拿起相机定格这一幅难得的画面，这是澜沧江源头万物和谐共处的写照。

扎青乡距离我们要去的澜沧江文化源头还有大约150公里的行程。路况时好时坏，风景不停变幻，扎曲有时出现在车窗外，有时又消失不见，汽车翻越一个又一个无名垭口，海拔基本在4500米上下。

/ 戴着“白口罩”的白唇鹿 / 喻鹏 摄

中途，我们在某个垭口停下休息。蓝天仿佛离得更近了，俯瞰山下宽阔的河谷地带，扎曲河水在平坦的地面恣意流淌，分叉为多股水道，或分或合，交错无状，在正午的阳光下闪闪发光。

之后，一路盘旋下坡，驶过横跨河面的大桥，马队长带着我们离开公路，沿着河滩上两道车辙向东驶去，颠簸了大约十几分钟，来到了两个湖

/ 碧蓝的眼睛湖点缀在纵横交错的扎曲上 / 喻鹏 摄

泊边。

说是湖泊稍显夸张，其实这只是河滩上两处紧紧挨在一起的水洼，周长不过百余米，绕水边一周只需一两分钟。但登上旁边的小山坡就会惊喜地发现，两洼小湖水色碧蓝，仿佛一双翡翠色的深邃眼睛镶嵌在大地上，当地人称其为眼睛湖。在远离公路的河滩上，少有人能目睹眼睛湖的真容，这也为其增添了一丝神秘感。

传说这里曾是藏地英雄格萨尔王属下大食王国国王的领地，国王的坐骑就是从眼睛湖里飞出来的。湖边有当地人堆放的嘛呢石堆，同行的藏族司机来到湖边，都会顺时针绕湖转上两圈，捧起清亮的湖水洒上天空，祈祷一切顺利。

如果顺着河边车辙一直向东，50多公里后可以到达澜沧江北源源头吉富山下，但沿途路况复杂，随处可见的泥水凼极易陷住汽车，无路可开后还要徒步较长一段才能到达源头，当天往返不易。没带露营装备的我们权衡之下告别眼睛湖，重新回到公路上，继续往前约40公里，我们终于到达了群果扎西滩。

这片草原位于群山围绕的盆地中部，雪山冰川融化的涓涓细流，从四面八方汇聚到群果扎西滩上，形成了数十个大大小小的湖泊与水凼。地势较高之处有五个较大的湖泊，湖水终年不竭，湖与湖之间有水流相连，顺着地势最终向下注入扎阿曲。狭义的澜沧江文化源头扎西齐哇指的就是这五个小湖。

根据澜沧江源园区规定，机动车不能进入源头核心区域。我们在公路边停下车，此时已经能远远看到湿地中间经幡飘扬，那里就是文化源头地标所在。

不过，要到达源头，还得经历终极考验——步行最后的三公里。

我们弃车步行进入湿地，小路隐隐约约在草丛中闪现，涓涓细流在脚下交错，有时候需要跨过小河上用木头简单架起的小桥，有时候只能踩着管护员巡逻时留下的摩托车辙前行，一不留神就会踩入水坑中，溅一身泥浆。

别看这片湿地地势低洼，海拔也在4650米上下，多走几步就开始气喘吁吁。这时候天气也来捣乱，几片乌云飘过，眨眼间雨就下起来了。草原上毫无遮拦，我们不得不裹紧外套，硬扛着风雨往前赶。经幡堆仿佛就在眼前了，可绕来绕去，一抬眼，它们还在雨中若隐若现。

大约半个小时后，我们才走到经幡堆前。站在这里环顾四周，一眼能看到的有三个小湖泊，水流从地势最高的湖泊中涌出来，汇入地势较低的湖泊，中途又串起大小水洼，一直往下流进较远处的湖泊中。蹲下身去，用手掬起一捧清澈的流水，尝上一口，清冽甘甜，沁人心脾。

雨一直下着，在水面荡起一圈圈涟漪。意外的是，我们发现一对黑颈鹤（国家一级保护动物）正在水中踱步觅食，湖中心有一处青草萋萋的小洲，这让我想起了去年在黄河源湿地了解到的黑颈鹤的生活状态——这对黑颈鹤应该是一对夫妻，小洲上是它们筑的窝，说不定里面已经有一只小黑颈鹤了呢。

黑颈鹤是世界自然保护联盟濒危物种和国家一级重点保护动物，每年春天都会离开南方，飞越雪山来到海拔4000米以上的湖泊湿地度夏。黑颈鹤也是生态环境的“监控者”，它们选择在哪里栖息繁殖，就标志着那里的生态系统状态良好。如今能在澜沧江源湿地看到黑颈鹤，说明这里的生态环境已经恢复到了良好的状态。

幸运的是高原上的雨来得快，也去得快，不知不觉间已是雨过天晴。摄

/ 俯瞰澜沧江源的湖泊 / 喻鹏 摄

影师抓紧时间放起了无人机，拍摄扎西齐哇湖的全景。借助“上帝视角”可以看到，五个湖泊围绕着经幡堆，其中两个湖泊的形状宛如两颗幽蓝的心，细如蛛丝的水流仿佛血管般将它们紧紧相连，最终，这些水流汇入扎阿曲，一路向东流进扎曲，再奔流向南，出国境后成为养育东南亚五国的“众水之母”湄公河。

五色经幡在风中猎猎作响，在它旁边矗立着三块石碑，分别讲述了澜沧江文化源头的不同故事。

第一块汉白玉小方碑是中国（杂多）澜沧江综合科考队在2014年所立，第二块砂石方碑是当地牧民立的“澜沧江源”碑，表明这里是数百年来当地人认可的文化源头扎西齐哇。最为醒目的是第三块被圣洁哈达围绕着的黑石碑，它是由“澜湄之约”2015国际大学生玉树夏令营在2015年7月31日所立的“澜沧江–湄公河之约”石碑。

8年前的夏天，由青海省玉树藏族自治州政府、上海市对外文化交流协会、广西国际文化交流中心和复旦大学联合主办的“澜沧江–湄公河之约”国际大学生夏令营活动在玉树开幕，来自澜沧江下游的泰国、老挝、越南、柬埔寨、缅甸，以及中国的70余名大学生从玉树出发，溯流而上，跋涉千里，相聚在澜沧江源，他们将从各自家乡带来的母亲河水汇入澜沧江源，在此立下了这块盟约之碑，并在纪念碑前发表《共同的河流，共同的未来——澜沧江–湄公河流域保护与发展青年宣言》：“从我做起，互相团结，爱护环境，珍惜每一滴水，努力宣传发展澜沧江–湄公河文化，在共同的河流中承担共同的责任，为了我们共同的未来而奋斗！”

这一次跨越国度的文化之旅，并没有终结于这场文化源头的仪式，由此作为起点，缔结“澜湄之约”的六个亚洲国家开始了长达数年的文化交流与合作。2017年7月和2019年7月，六国青年两度相聚杂多，参加“寻根溯源”活动，澜沧江源头的纪念碑一次又一次见证了青春的约定。而2020年10月，“同饮一江水、共话澜湄情”中外媒体澜湄万里行大型生态人文采风活动再次深入杂多，共同捕捉澜沧江源美丽的生态环境和悠久的民族文化。

/“澜沧江－湄公河之约”石碑 / 喻鹏 摄

离源头最近的小学

回程的路相对轻松，到达源头的兴奋劲儿过去之后，错过午餐的饥肠辘辘主导了我们的神经，善解人意的马队长决定带我们去昂闹村小学“蹭饭”。

昂闹村小学是离澜沧江源头最近的学校，也是青海海拔最高的学校。出现在眼前的小学着实让人吃了一惊，这几乎是我们离开杂多县城之后在荒无人烟的途中看到的最气派、最干净的建筑。高大的院墙里是宽敞的操场，教室是一排平房，外墙刷着明艳的黄色，更难得的是还有体育馆和露天足球场，要知道，这可是在海拔4700米左右的高原。

学校里的老师和孩子在教室门口迎接我们。这个时候，内地学校不是都放暑假了吗？一问才知道，因为虫草季刚刚结束，放了一个多月虫草假的孩子们现在都返回学校继续上学，错峰放假，并没有影响孩子们的课程。

昂闹村小学成立于2004年，距离澜沧江源头大约58公里，离县城有140多公里。之所以在这么偏远的地方建这所寄宿小学，是为了照顾远离县城的莫云乡和扎青乡5个村子的孩子，让他们能够就近上学。学校刚成立的时候，只有十几个学生、两位老师，条件简陋得令人难以置信：公路还没完全修

/ 昂闹村小学课堂上认真学习的学生 / 喻鹏 摄

好，教室只是土坯房，没有电也没有自来水，只能靠烧牛粪来取暖。最早来到这里的仁青林周老师在不上课的时候就骑着摩托车走访附近的牧民，动员他们送适龄孩子来学校上学，渐渐地学生才多起来。

这些年来，在当地政府和社会各界公益组织的帮助下，昂闹村小学正在变得越来越好。我们现在看到的学校，所有教室与公共设施都经历过重建，学生在光线明亮的教室里上课，在宽敞的食堂里用餐，每天还能享受政府补贴的营养餐食，男生和女生都有自己的寝室，萤火虫图书角里放满了各地捐赠的图书，孩子们可以在这里翻阅各种课外读物。社会捐建的10千瓦和50千瓦光伏电站也先后到位，为学校提供了充足的电能。

校长仁青达杰告诉我们，目前学校有12位老师、160名学生，分为一到五年级，等他们读到六年级，就会去县城的学校继续读书。因为是寄宿制学校，12位老师除了教书上课，还要负责照顾孩子们的生活食宿。

上课铃响，孩子们纷纷回到教室。一年级（1）班上的是英语课，孩子们正在一位实习女老师的带领下背诵英文单词，“spring，春天；summer，夏天……”教室后墙的黑板上，孩子们用彩色粉笔画满了盛开的向日葵和绿色的森林，稚嫩的字体写出“劳动快乐”等字样。

孩子们朗朗的读书声，是这海拔4700米高原上最动人的希望之声，他们努力学习知识渴望改变的未来，也是澜沧江源头可以期待的未来。

/ 扭头偷看的小朋友 / 喻鹏 摄

生态管护员的日常

◆◆◇

公巴白玛，生态管护员

人物专访

/ 生态管护员公巴白玛 / 蒋人可 摄

◆做生态管护员多久了？澜沧江源园区的巡护工作辛苦吗？说一说你们的日常工作吧。

我做生态管护员已经6年了，2016年三江源国家公园体制试点启动，2017年我就报名成了一名生态管护员。每个月国家给1800元管护员工资，乡上都是准时发放，表现好的还能拿到奖励。管护员最重要的工作就是巡护，我们小组要定期对辖区内的河滩、湿地、林地进行巡视，有时候骑马，有时候骑摩托车，爬雪山、蹚冰河是常事。巡护时间长的话，还得带上干粮，在野外解决吃饭的问题。沿途看到垃圾就要捡到袋子里，集中打包带回政府垃圾回收点。说辛苦肯定是有的，但这就是我们的工作。

◆在巡护过程中与野生动物面对面的机会多吗？如何相处？

我们地青村就在布当曲旁边，这里有岩羊和白唇鹿，也有雪豹和棕熊。在巡护过程中，尤其是这两三年，看到的野生动物越来越多。我们管护员同时也是生态监测队员，要负责搜集各种野生动物资料，为园区生物研究和保护提供参考。每次遇上了野生动物，我们都会认真观察它们的身体状况，用相机或手机拍照，发现受伤的，就及时向上级部门汇报，情况紧急的话，也会自己救治。这些年，我救助过好几只受伤的白唇鹿和岩羊，甚至还有受伤的小雪豹。

◆你是怎么理解三江源国家公园的?

我的家在地青村，地青村就在三江源国家公园澜沧江源园区里，所以，国家公园也是我的家，哪有人不爱自己的家呢？我们家祖祖辈辈生活在这里，雪豹和岩羊也一直生活在这里，从小我就知道要保护野生动物，爱惜森林与草地，成为国家公园的生态管护员后，又多了一份保护生态环境的责任。保护好国家公园，家乡才能变得更美。

第三章 家园

瑰丽的赤峰丹霞地貌、丰富的野生动物资源、多彩的藏地人文风情，在三江源地区，或许只有澜沧江源头的昂赛大峡谷能同时拥有这样的魅力。

作为三江源国家公园澜沧江源园区的典型代表，昂赛大峡谷如同一片秘境，扎曲河蜿蜒而过，两岸水草丰美、山石奇峻。在这里，有牧民常年与野生动物的和平共处，亦有科研人员和社区工作者的默默守护。

/ 昂赛大峡谷 / 喻鹏 摄

绝大多数人被这里的雪豹吸引，但此处有的绝不仅仅是雪豹。万物有灵，这片土地是雪豹与其他野生动物的家园，而人类只是其间的过客，我们共享同一片土地。在昂赛大峡谷，了解自然的构成、生物的多样性，以及人与动物的相处法则，才是大自然想要教给我们的。

初访昂赛乡

扎曲穿过杂多城区，蜿蜒向东而去。从杂多县城出发，沿345国道向东南方向行驶，扎曲浑浊的河水一直伴随我们前行。20多公里后，扎曲突然消失不见，当汽车在三岔路口拐进通往昂赛乡的公路，它又重新出现，在接纳了从北方奔来的支流沙曲之后，转身向南，一头扎进了昂赛大峡谷。

进入昂赛大峡谷的第一印象，是这里宽阔的河谷。河水平缓流淌，两岸青草茵茵，平坦的柏油公路随河流延伸，开阔的草原上分布着大片以黄色为主调的房子，这里就是昂赛乡政府所在地。

昂赛乡辖区内分布着年都、热情和苏绕三个牧委会。“昂赛”为藏语音译，意为“财神”，源自古老的部落名称，而它还有一个更加响亮的名字——大猫谷。

在昂赛大峡谷中，海拔在5000米以上的山峰就有36座，这些山峰为雪豹、金钱豹、猞猁和兔狲等猫科动物提供了食物充足、相对安全的栖息地。山水自然保护中心回收的红外相机数据显示，雪豹在18个不同点位被捕获87次，金钱豹在3个不同点位被捕获30次（2023年4月数据）。

与“雪豹之乡”齐名的是峡谷内的巴艾涌丹霞地貌。形成于白垩纪时

/ 昂赛大峡谷 /

期的红色砂砾岩，在扎曲水流的冲刷下，在高原风暴的洗礼下，历经亿万年的水侵风蚀，最终化为峡谷中鬼斧神工的丹霞地貌。这是中国境内海拔最高的丹霞地貌，也是三江源地区独有的地质构造，它的塑造者之一，正是澜沧江。河流与丹霞、森林与草原、雪豹与岩羊、牧民与自然和谐相处，共同构成这片生机盎然的家园。

为了了解生态保护与社区发展的现状，我们在三江源国家公园管理局工作人员的陪同下，于5月第一次进入昂赛。经过乡政府之后，我们沿着土路一

直在扎曲东岸前行，纷纷扬扬的雪已经下了好几天，刚刚泛出新绿的草坡和红色的丹霞峰林都被白色覆盖，只有郁郁葱葱的柏树，在这白茫茫一片中撑起了一点绿色的轮廓。如此茂密的植被，在高原其他地区几乎难以见到。

这是三江源地区仅有的原始森林，树种以大果圆柏为主。这种我国高寒地区特有的树种，已被列入《世界自然保护联盟濒危物种红色名录》，保护

/ 流过昂赛大峡谷的扎曲 / 喻鹏 摄

级别为易危（VU）。杂多是这种树种分布的海拔上限，昂赛大峡谷里更是生长着我国面积最大的大果圆柏原始森林，其中不少柏树树龄高达千年，胸径可达一米。

在当地人的认知里，这种四季青翠、茎干粗壮、枝繁叶茂的柏树是当年文成公主进藏时从中原带来的，古老的柏树往往缠绕着牧民敬奉的哈达。当地人也用这种柏树枝丫煨桑，燃烧的柏枝会升腾起袅袅白烟，散发出淡淡的清香。

柏树林间的草坡上，突然冒出了几只散步的鸡，慢悠悠地踱着方步，看个头和羽毛，似乎又不像平常见到的鸡。陪同我们进峡谷的马队长笑着说："这是鸡，不过是野生的白马鸡，个头能比一般的母鸡大不少呢。"

白马鸡（国家二级保护动物）仗着森林和白雪的掩护，继续在林间溜达，不过绯红的脸颊和蓬松的灰蓝色大尾羽出卖了它们的行踪，被一心想拍摄野生动物的我们逮个正着——事实上，雪中峡谷行的这一天，我们拍到的野生动物也只有白马鸡了。

◇◆◆认识白马鸡

白马鸡是鸡形目雉科的一种，通常生活在海拔3000米以上的高原，是昂赛大峡谷的原住民。它们头顶有黑色绒羽状短羽，身体羽毛多为白色，长长的尾羽带着微微金属光泽的绿蓝色，脸颊裸露部分呈绯红色。按照羽色，马鸡可以分为褐马鸡、蓝马鸡、白马鸡和藏马鸡。

白马鸡是中国特有种，属国家二级重点保护野生动物，在《中国濒危动物红皮书·鸟类》中被列为易危种，被列入《濒危野生动植物种国际贸易公约》附录I，并被《世界自然保护联盟濒危物种红色名录》列为近危（NT）物种。在昂赛大峡谷中，它们的生活状态已经得到了有效保护，是自然观察中最容易看到的物种。

/上：风雪中的昂赛大峡谷/蒋人可 摄　　/下：威风的白马鸡/蒋人可 摄

扎曲边的山水昂赛工作站

公路暂时离开扎曲河岸，盘旋着向高处爬升，窗外的景色也不断变化。几个拐弯之后，汽车已经爬到悬崖之上，车窗外的河水距我们的垂直高度至少超过了50米。车行至最高处，我们停下来拍照。往北看，河谷开阔，扎曲水缓缓而来，往南看，两岸突然变窄，山势也突显嶙峋，从这里开始，我们就进入了真正意义上的大峡谷。

汽车下山之后，没过多久，视线中出现了一座橘黄色的铁皮房子，在灰蒙蒙的河滩上分外醒目。这里就是我们要拜访的山水自然保护中心昂赛工作站。

昂赛工作站是设立在三江源国家公园境内的第一座科研工作站，由北京大学、杂多县人民政府、阿拉善SEE基金会和山水自然保护中心共同建设，于2017年7月18日正式投入使用。工作站是由几个集装箱拼装成的一个四方形空间，中部屋顶安装的则是透明玻璃尖顶，这样的结构能最大限度地利用日照的采光与热量。室内空间非常紧凑，公共区域布置得很温馨，墙上张贴着红外相机在昂赛大峡谷拍到的各种野生动物照片，最吸引目光的自然是雪豹，在镜头里它们可没有猛兽的威严，反倒提供了不少“卖萌表情包”。

/ 山水自然保护中心昂赛工作站 / 蒋人可 摄

接待我们的是2020年加入昂赛工作站的秦璇，一位湖北小姑娘，笑起来露出两颗俏皮的小虎牙。

据秦璇介绍，山水自然保护中心于2007年在北京成立，十余年来一直专注于青藏高原雪豹栖息地的物种监测与生态保护，并携手当地社区共同开展生态保护实践，以期实现人与自然的生态公平。

/ 透明玻璃尖顶下的公共区域 / 蒋人可 摄

早在2016年，山水自然保护中心与北京大学自然保护与社会发展研究中心就进入昂赛大峡谷，在这里开展了最初的野生动物监测，在1400平方公里的区域内布设了120台红外相机，捕捉到了雪豹、金钱豹，以及棕熊、狼、赤狐（国家二级保护动物）等多种食肉动物的珍贵活动影像。同时，他们也与当地牧民合作进行野生动物的监测工作，让更多当地人参与到红外相机的布设、维护和影像资料的收集过程中来。

2017年，昂赛工作站投入使用后，山水自然保护中心在杂多县的昂赛乡与扎青乡地青村开展了试点社区工作。具体来说，工作重点一是社区监测，了解当地自然环境和野生动物生存的现状；二是解决人兽冲突，帮助牧民处理猛兽带来的各种伤害问题；三是自然体验。

2018年，山水自然保护中心在昂赛乡与当地政府一起开展大猫谷自然体验项目，在年都村、热情村与苏绕村欣赏丹霞山水景观，观察野生动物，同时也体验牧区牧民生活。

与国外的国家公园将原住民视为生态压力和环境威胁不同，三江源国家公园最大的亮点，就是让当地社区和牧民成了生态保护的主体。国家公园内的每户牧民，都有一名家庭成员成为国家公园的生态管护员。一直以来，他们熟悉这片土地，敬畏这片土地，如今更是成了这片土地的守护者。他们不仅为自己，更是为子孙后代呵护这片家园。这既是人与自然和谐共生的典范，也是三江源国家公园的成功案例。

大猫谷里的自然体验

“这个项目的初衷，是想将自然保护和社区发展融为一体，同时也让当地牧民获得一些收益。”秦璇告诉我们，生活在峡谷里的牧民，其实承担了一些跟野生动物共存的成本和风险，比如他们的家畜会被野生动物吃掉，他们的房子可能面临被棕熊破坏的危险，但是他们又要承担保护野生动物的责任，“所以，我们换个思路来设想：作为这片土地的主人，他们其实是最了解当地野生动物生存状态的，而我们持续进行了几年的野外监测，能够提供具体的野生动物分布现状。因此，我们推出了自然体验这个尝试。”

大猫谷自然体验项目推出几年后，基本达到了多方共赢的初衷：当地牧民通过担任自然体验的向导和接待家庭，可以获得切实的收入，同时直观地体会到保护好家乡的一方山水和动物，将有益于自己的家庭和社区的发展，从而更加自觉地承担起了保护生态的责任；全球各地的自然爱好者有机会深入三江源国家公园，近距离观察众多野生动物；政府力量与市场作用的共同介入，也为国家公园如何保护生物多样性提供了一个全新的理念。

事实上，社区发展对国家公园的建设非常重要，它既能让当地社区与原住民参与到国家公园的管理与保护中来，让他们从中获利，也能让自然爱好

/5月风雪中灿烂的经幡堆 / 蒋人可 摄

/7月青翠的昂赛大峡谷中的牦牛 / 喻鹏 摄

者有机会深入了解国家公园，从而实现生态保护的良性循环。

这才是三江源国家公园生态保护的最佳方案。2021年5月，在联合国《生物多样性公约》缔约方大会第十五次会议论坛上，三江源国家公园“昂赛自然体验项目试点”就被评选为“生物多样性100+全球特别推荐案例”。

在自然体验项目的实行中，山水自然保护中心为牧民提供了许多具体的支持，例如搭建了大猫谷自然体验预约网站，帮助接待家庭在网上筛选和确定自然体验者；与社区共同完成了合作社管理章程、自然体验者守则等管理制度设计，为接待家庭印制了三语自然观察手册、双语接待家庭手册等配套产品；对自然体验接待家庭进行相关培训，包括如何与客人沟通、如何安排体验路线等。如果出现了什么问题，工作站还要负责协调和调整，共同推动自然体验产品的不断完善，维护项目的可持续运行。

听完秦璇的介绍，我们继续深入峡谷，但高原的天就像孩子的脸，说变就变。我们离开昂赛工作站没多久，天空就飘起了雪花，而且雪越下越大，我们期待看到的丹崖碧水的峡谷风光，迅速变成了白山黑水的肃杀景象。巴艾涌丹霞地貌中标志性的“佛头山”已消失在风雪中，环顾四周，只落得个白茫茫大地真干净。至于向往的野生动物，更是难觅踪影。

无奈之下，我们只得返程，暂时告别了昂赛大峡谷。

7月的重逢

7月，我们如愿重返杂多，在一个晴朗的日子再次进入了昂赛大峡谷。

得益于国家公园的功能分区管控及社区监测，如今人们在路边也可以观察、远眺野生动物。这一次的车窗外，风景完全不同。7月的昂赛大峡谷，在蓝天白云的加持下，如一幅天然画卷在眼前徐徐展开。

明媚的阳光下，我们能清晰感受到澜沧江源头独特的河源峡谷生态。海拔最高处是石质山峰和碎石带，雪豹最喜欢在这种石峰下面出没；再往下是原始森林与高山草甸交混的地带，大果圆柏与山柳灌木构成了茂密的森林植被，草原上的花抓紧这短暂的温暖迅速盛开，狼毒花、金露梅和圆穗蓼等编织出斑斓的花毯。树林与草坡为白马鸡、鼠兔和喜马拉雅旱獭等小型动物提供了筑巢和嬉戏的场所，它们又为狼、兔狲和棕熊等猛兽提供了充足的食物，金雕（国家一级保护动物）在高空盘旋寻找着它的猎物，而“雪山之王”雪豹或许就在某一座山峰上巡视着它的领地……

扎曲两岸的缓坡上，狼毒花开得最为热闹。这种草原上最常见的野花，有着一簇簇白色、粉色与紫色相间的绒球状花朵，点缀在绿草地上，分外耀眼。从生物学角度来说，狼毒花的繁盛或许标志着草地的退化；对当地藏族

/ 上：盛放的狼毒花 / 喻鹏 摄　　/ 下：机警的喜马拉雅旱獭 / 耳东 摄

人来说，狼毒花的根茎则是制作藏纸的重要原料。

草原上的花开了，草坡中也多了一种可爱的动物——喜马拉雅旱獭，也就是当地人俗称的土拨鼠。它们在向阳的草坡上掘洞为窝，天气好的时候喜欢坐在洞口附近晒太阳，圆滚滚的身体在草丛中若隐若现，有时候它们会在草地上追逐嬉戏，憨态可掬。通常会有一只“哨兵”双腿直立，警惕地观望着四周，一有风吹草动就立刻发出警报声，所有的旱獭一眨眼就钻回窝里，消失不见。

出发之前，澜沧江源园区管委会负责人只说安排了一位明星向导陪同我们。一进入峡谷我们就在想，会不会是5月遇到的云塔大叔呢？这开盲盒般的感觉还真是让人期待。

走过昂赛乡政府，翻过几座山坡，当汽车拐入左边小路，驶进一个山坡上的小院子，这似曾相识的感觉告诉我，中大奖了！果然，云塔大叔和他的妻子正站在木屋前等待着我们。

云塔家位于扎曲河东岸的半山上，他家养的一群牦牛正静静地待在草坡上，有些啃着脚下的青草，有些躺卧在地上休息。木头栅栏围起的院子里，有两幢传统的藏式小木屋，右边一幢是云塔与家人住的，左边一幢是专门为自然体验者准备的。院子里还有三只大狗，摇着尾巴友好地围了过来，发现我们手里没有食物，又懒懒地躺回了地上。

小木屋后面是茂密的大果圆柏树林，再往上是高耸的石峰，岩羊时常出没于此。扎曲从云塔家前方约百米深的河谷向南奔涌而去，左前方不远处就是昂赛乡民信奉的乃崩山，峰顶巨石酷似一尊坐佛，亿万年来一直俯瞰着深深的峡谷。

/ 郁郁葱葱的大果圆柏林 / 喻鹏 摄

云塔是峡谷中的明星向导，据说他曾经带领自然体验者在一次行程里同时看到了雪豹和金钱豹，为此乡政府专门给他发了奖。云塔家的名气也很大，不少著名生态科学研究者都曾在这里住过，“野性中国”创始人、野生动物摄影师奚志农在拍摄雪豹纪录片时，曾将云塔家作为大本营，云塔也作为向导多次陪同他们跋涉野外，寻找雪豹的踪迹。

给客人住的小木屋明显气派得多，藏式门廊描绘着吉祥纹样，屋檐涂上了传统的五色，门廊右侧还有一个栩栩如生的牦牛标本。小木屋一共有四个客房，贴心地布置了大床房、双人间和三人间，加上客厅宽敞的沙发，最多一次可以接待15人左右。

走进宽敞的客厅，墙上挂满了云塔与朋友们的合影，以及他们拍摄的野生动物朋友的照片。茶炉上烧着水，茶几上摆着待客的糖果点心与水果，沙发上铺着厚厚的彩色卡垫，墙上挂着一些老式藏族生活用具。

放下行李，喝了一杯热茶，云塔就带着我们出发寻访雪豹。

沿着峡谷走了没有多久，我们就遇到了一队野餐者，正在树阴下的草地上铺开餐垫，摆出各种食物。一问才知道，他们是来自上海的三个家庭，希望带孩子来昂赛观察野生动物，体验自然之美。“我们是昨天进峡谷的，才待了一天多，已经看到马麝、白唇鹿和白马鸡了。”一位上海大哥开心地说，“最想看的当然是雪豹，期待接下来的几天有机会看到它们。”

负责接待这队上海客人的是热情村的才让尼玛，一位瘦高干练的小伙子，戴着户外遮阳帽，穿着迷彩冲锋衣，胸前还挂着一台相机，看上去更像是一位户外达人。才让也是峡谷中的明星向导，普通话说得比大多数当地牧民好，与客人交流起来很方便，据说他还会用简单的英语与外国客人沟通。

才让告诉我们，这是今年虫草季结束后峡谷里进来的第一批体验者，由山水自然保护中心分配到他家。这四天三夜，他要负责带领他们去附近的山沟寻找各种野生动物，还要安排野餐、短距离徒步、爬山等不同的活动。

云塔大叔与才让聊了一会儿，说他听近期上山巡视的生态管护员讲，他们好像发现了雪豹的活动痕迹，等这个信息得到确认后，就可以带我们去那里蹲点守候，试试能不能看到雪豹。

在峡谷里，关于雪豹的信息，所有向导都会相互分享，以争取让自然体验者有更多机会看到雪豹。

牧民在日常生活中已经掌握了不少雪豹的生活习性和活动路线，例如早晚时分雪豹更容易外出活动；如果没有抓捕到岩羊，它们也会下山来袭击牧民家的牦牛，而且一般会将咬死的牦牛尸体留在原地，问问谁家的牦牛最近被雪豹咬死了，接下来的几天，说不定就能蹲守到雪豹的再次现身。

我们也能有看到雪豹的好运气吗？告别才让与他的客人，我们继续深入峡谷。

丹霞地貌

昂赛大峡谷拥有全球罕见的高原丹霞地貌，而且迟至2014年才被外界认识到。

2014年8月，中国横断山研究会会长、首席科学家杨勇参加了杂多县政府组织的澜沧江探源活动，来到昂赛大峡谷开展科考活动。他发现，海拔3800～4200米的扎曲河谷中，分布着极为独特的丹霞地貌。

距今6700万年前，青藏高原地壳持续抬升，部分红色地层在抬升过程中倾斜，形成舒缓褶曲或断裂，河流的下切形成了两壁直立的深沟巷谷，风雨的侵蚀又让崖面崩塌后退，最终成就了昂赛大峡谷的赤壁丹崖。它具有青藏高原发育最完整的白垩纪丹霞地质景观，拥有方山、石堡、石墙、石峰、石柱、陡崖等不同形态的地貌，其间原始森林与高山草甸相混的丰富植被，又为野生动物提供了充足的食物与栖息空间。可以说，面积超过300平方公里的昂赛大峡谷丹霞地貌，一直以来都是野生动物的乐园，更是三江源地区生物多样性的最好体现。

行至一处陡峭的岩壁下，云塔招呼我们下车，指着高处让我们看。凝神望去，赤色岩壁上似乎有金雕的巢穴，两只金雕在空中盘旋往复，巨大的翅

/ 佛头山 / 喻鹏 摄

膀划出美妙的曲线。

丹霞石峰间风化的天然洞穴，为这种国家一级重点保护动物提供了良好而安全的筑巢条件，所以在大峡谷里很容易就能发现金雕的身影。7月的草坡上，喜马拉雅旱獭随处可见，这正是金雕最喜爱的美味。当它收起翅膀，迅速从高空俯冲下去时，也就意味着可能有一只旱獭将成为它的“盘中餐”。

金雕可以在绝壁上来去自如，人却只能望壁兴叹。在前往佛头山的路上有一段丹霞绝壁，当年的修路人无法绕过，只能硬生生地在半山岩壁上开出一条路来，路面起伏不定，窄得仅容一车通过，窗外就是十数米高的悬崖，汹涌的扎曲河水拍打着岩壁，没有一点胆量和过硬的技术，还真过不了这惊险的“挂壁公路”。

过了挂壁公路就能看到佛头山，这是昂赛大峡谷中最典型的丹霞地貌景观。山顶突兀而起的石柱，不管从哪个角度看，都是一尊天然生成的佛头，头顶有一圈圈的螺髻，圆脸长耳，面容慈祥，惟妙惟肖。佛头山下的沟口处，还竖立着一处“生命之根”，远远望去酷似男性生殖器。扎曲在佛头山下拐了一个弯，径直向南而去，最终在拐弯处冲刷出了一大片平坦的滩地。

这里是巴艾涌丹霞地貌的核心景观，整个峡谷都为人们展现出千姿百态的丹霞地貌。当地居民世居于此，保护生态环境的观念已经在他们心底根深蒂固。我们的行程还没有结束，云塔带着我们离开扎曲河岸，拐向东边的一座山谷——吉日沟。

在沟口，我们又遇到了那队上海体验者。队伍中的几位小朋友在向导的带领下登高望远，欣赏峡谷中层层叠叠如浪涛般涌动的丹霞峰林，扎曲似一根碧带在其间流淌。

据说从石峰下的小径往里徒步约2小时，可以到达有700年历史的巴艾贡色寺，还能看到藏在天然洞穴里的古塔。一心只想寻找野生动物的我们没有挑战这颇有难度的行程，汽车继续深入，路越来越烂，两旁的岩壁越来越陡，我们睁大眼睛一直盯着岩壁，却什么也没有发现，直到云塔轻轻叫道："快，停车！"

在他的手指指引下，大家将目光投向高处。灰红色的岩壁上，突然之间似乎有一块石头动了一下，接着，好几块石头都动了，定睛一看，岩壁上竟然伫立着几只岩羊。它们灰黄色的皮毛自带保护色，身体完美地与岩壁融为一体。

岩羊是青藏高原特有的物种，主要生活在2100米到6300米岩石裸露的悬崖峭壁地带。之所以叫岩羊，是因为这种动物非常擅长在高海拔地区的岩石山坡上生活，没有其他动物来分享岩壁上的青草与灌木枝叶，它们的灰色皮毛在岩壁上自带天然伪装，近乎垂直的陡峭岩壁也能阻挡大多数天敌的袭击。

不过，有一种天敌，岩羊终其一生也躲避不了，那就是雪豹。

可惜，经过近两小时的寻找与观察，我们还是没能发现雪豹的踪迹。

我们不止一次看到了岩羊群在岩壁上跳跃飞奔，看到了白唇鹿组团下到溪涧里喝水，到后来，连摄影师都能眼尖地最先发现躲在树林间的马麝，可是，雪豹在哪里？

守候雪豹

时近傍晚，我们不得不原路返回云塔家，云塔的妻子和儿子已经准备好了香喷喷的饭菜。牦牛肉、煎鸡蛋、炒青菜，吃完这顿迟到的午饭，不甘心的我们又在云塔的带领下前往一处隐秘的山谷，据说那里的山峰间，曾有人多次看到雪豹出没。

我们沿着已有的道路继续追寻雪豹，汽车随着淙淙溪流向前，不时碾过水流，溅起一片水花。经过马麝藏身的山林与岩羊伫立的岩壁后，最终来到了山谷深处一片开阔之地。

群山环绕着这片谷地，山脊上分布着千奇百怪的丹霞石峰，风雨侵蚀分解的大小碎石裸露在山坡上，这些石山与碎石地带，正是雪豹经常现身的地方。

雪豹被称为“雪山之王”，喜欢出没在高山裸岩地带，它们那浅灰色间杂土黄色环形斑块的皮毛，与周围的裸岩环境十分相似，这一身天然的迷彩能让它们轻易“隐身”。更具标志性的是雪豹那几乎与身体等长的尾巴，粗壮而灵活，在奔跑时能帮助身体保持平衡，在休息时又能维持口鼻处的温度。

/ 搜寻雪豹的向导云塔和司机江永 / 喻鹏 摄

雪豹是雪域高原食物链顶端的捕食者，也是高山生态系统的旗舰物种，三江源地区是它们在这颗星球上的主要栖息地。作为旗舰物种，雪豹吸引了许多人的目光。而与雪豹分享同一片家园的，还有白唇鹿、藏雪鸡、水母雪兔子等多种高山动植物。虽然它们受到的关注没有雪豹多，但人们在保护雪豹及其栖息地时，也相当于守护了生活在这片区域的其他物种，这也正是雪

豹作为“伞护种”的意义。

这些年来，青藏高原和三江源地区持续开展生物多样性和生态环境保护行动，各种民间公益机构纷纷加入雪豹保护专项活动，这一地区的雪豹数量有所恢复，在澜沧江源头的扎青乡和昂赛大峡谷已经观察到了数量较多的雪豹个体。2023年一季度，山水自然保护中心设在昂赛大峡谷中的40台红外相

/ 在岩石上休息的雪豹 / 旦增桑周 摄

机，就在不同位点有效捕捉到了87次雪豹的身影，在3个不同位点拍下了30次金钱豹路过的瞬间。

生活在昂赛大峡谷里的雪豹，更是多次被摄影师拍到，成为电影里的动物明星。在《我们诞生在中国》《我住江之头》《雪豹和她的朋友们》等纪录片中，雪豹在镜头里展示了它们捕猎、求偶、交配和哺育幼崽的种种。

车停在山谷中的草地上，云塔趴进车身下的阴影里，拿着望远镜观察对面高山上的动静。根据他的经验，早晚时分雪豹喜欢沿固定路线在山脊上行走，有时候会停下来在某块岩石下面撒泡尿以标注自己的领地范围，也给其他雪豹留下交流的信号。在他的指导下，我也拿起望远镜，对准远处的石山一寸一寸地搜索着，盯得久了，会神经质地发现有东西在动，但仔细一看，山上静悄悄的，连一丝风也没有。

时间一分一秒过去，云塔已经换了好几个位置观察，我们也把搜索的范围扩大到周围的山顶，可惜，还是没有任何发现。

天空上的云来了又走，山谷间的光线慢慢暗下去，眼看着夕阳就要落山，我们期待的主角雪豹迟迟不肯登场。虽然也许它可能就在山谷上方的某个地方，慵懒地躲在岩石的阴影里，注视着我们的一举一动。

终于，我们还是无奈地踏上了归程。

在三江源，除了雪豹，还生活着另一种“大猫”——豹。

和雪豹一样，豹也是独居动物。成年豹的领地范围从十几平方公里到上千平方公里不等，它们会巡视自己的领地，在岩石、大树等位置留下标记。它们惯常的生活区域海拔较低，偏好在森林中活动，而雪豹通常出没于高山裸岩。由于栖息地不同，大多数时候，豹和雪豹活动区域并不重叠。

但是近年来，在三江源国家公园内，甚至就在昂赛乡，红外相机陆续拍到了雪豹和豹在同一区域活动的影像。造成这一现象的原因，正是全球变暖。

由于气候变暖变湿，林线上移，适合雪豹生存的高山裸岩和高山草甸地带被压缩，豹反而趁此机会，随着森林的上移进入了原本属于雪豹的家园。同为高山上的顶级食肉动物，二者的相遇，引发了公众和科学家极大的关注。

雪豹和豹均以食草动物为食，捕猎对象类似，二者的相遇，极有可能引发对猎物和领地的争夺。据科学家的猜测，它们会尽可能避免冲突，彼此回避，但在狭路相逢时，豹由于体型略大，性情更为凶猛，更有可能占据上风。

在气候变化的影响下，雪豹和豹的关系会产生哪些变化，它们之间的微妙平衡是否会被打破，这些都需要更加长期、深入的研究，我们也祝愿这两种珍贵的“大猫”都能找到属于自己的家园。

镜头里的雪豹

- **《雪豹和她的朋友们》**

2023年8月4日，纪录片电影《雪豹和她的朋友们》在中国大陆上映。导演奚志农从2016年起在昂赛大峡谷开展“牧民摄影师成长计划”，带领当地牧民摄影师耗费6年时光拍摄了这部纪录电影。电影讲述了“雪山之王”雪豹，以及与它们一起生活在这片自然环境中的藏狐、棕熊、岩羊与斑头雁、高山兀鹫的故事，三位牧民如何从牧民转变为摄影师，追寻雪豹踪迹，以及为此付出的努力，则是电影的另一条主线。

- **《我们诞生在中国》**

2016年上映，由来自法国、英国、美国、德国四国的五位摄影师花费一年半时间拍摄完成，以四川大熊猫、玉树雪豹、神农架金丝猴三个动物家庭为主角，讲述了它们各自的生存故事。其中的雪豹就生活在澜沧江源园区的昂赛大峡谷里。

- **《我住江之头》**

2022年3月在中央电视台播出的五集纪录片《我住江之头》，展现了三江源头自然风物的自然更迭，讲述了三江源人与自然，尤其是人与野生动物之间和谐相处、共存共荣的故事。由奚志农导演的第五集《永续》，其中不少镜头都在昂赛大峡谷中拍摄，明星动物雪豹再次出镜，其中也讲到了昂赛乡最早试行的人兽冲突赔偿基金的故事。

夜晚、清晨与告别

回到云塔家，已经有一碗热腾腾的牛肉面片等着我们。

在当地，早饭一般是喝酥油茶、吃糌粑，中午是米饭和炒菜，晚上就比较简单，通常是藏式牛肉面片。接待家庭为自然体验者提供一日三餐，早上起床，还可以跟随家庭女主人去院子里挤牦牛奶，学习亲手制作酸奶。

在云塔家，他负责带领自然体验者在峡谷里寻找野生动物，徒步丹霞山谷，他的妻子在家里照顾牦牛，也负责为客人做饭。云塔的儿子仁增多吉今年23岁了，这个夏天他也加入了接待家庭的工作，帮助爸爸妈妈分担一些事情。

峡谷里的夜晚如此静谧，可惜的是一场突如其来的暴雨打乱了我们仰望星空的计划。随着滚滚雷声，一道接一道的闪电撕裂漆黑天空，将远处的乃崩山照亮。坐佛的轮廓在暗夜中刹那闪现，又迅速消失，明灭间雨水如注倾泻下来。身处城市的我们，何曾见过如此瑰丽的夜空，大自然的威力在这一刻显露无遗。

就在这样的大雨中，仁增还得守在院子里的铁皮小屋顶上，后半夜，他要预防“不速之客”的到访。夏天，结束冬眠的棕熊开始出来活动，饥肠辘

/ 一碗糌粑 / 喻鹏 摄

/ 氤氲的晨雾中的昂赛大峡谷 / 喻鹏 摄

镳的它们有时候会闯入牧民家中，袭击牦牛，偷吃粮食，大肆破坏一番后再扬长而去。仁增已经在院子里守了好几个夜晚，如果有棕熊来了，他就要敲击铁皮发出噪声把熊吓跑。

一夜无眠，清晨即起，山谷中森林青翠欲滴，对面丹霞石峰绚丽似火，空气中带着一丝青草的清新，正应了“空山新雨后”的那份意境。

勤劳的阿妈已经在厨房忙碌了，仁增则骑上摩托车带着不甘心的摄影师去后山山谷寻找雪豹。那条山谷更加人迹罕至，汽车也无法到达。

遗憾的是，两个多小时以后，仁增和摄影师回来了，相机里只记录下了岩羊和白唇鹿的身影。

因为行程安排，我们只能在昂赛大峡谷里停留一天一夜，没能看到雪豹当然非常沮丧，如果待上四天三夜仍然没能与雪豹相遇，那自然体验者又会是什么心态?

告别云塔一家离开峡谷的路上，我一直在思索这个问题，不过很快就释然了。大猫谷自然体验的意义，在于为体验者提供一个与自然、与野生动物真实相处的机会，你可能会邂逅雪豹，也可能无缘相见，但绝非一无所获。没有看到银河璀璨的星空，可是我们看到了电闪雷鸣的壮观；没有看到“雪山之王”雪豹，可是我们看到了自由自在的岩羊与白马鸡。在这片天地里生存的野生动物，并不会因为你付了钱、心也够诚就会出现在你的面前，它们一直按照自己的节奏出没，如果能够看到，那是自然的恩赐，你欣然接受，不必抱怨。

自然体验不仅给生活在昂赛大峡谷里的牧民带来了切实的收益，也为闯入这片天地的体验者带来了完全不同的认知。人与自然的相处本应如此，它对应的正是国家公园可持续发展和世代流传的建设理念。

山水自然保护中心

人物专访

秦璇，昂赛工作站工作人员

◆山水自然保护中心（以下简称“山水”）选择进入三江源的初衷什么？你们与三江源国家公园的合作主要有哪些方面？

青藏高原是长江、黄河和澜沧江的发源地，是重要的淡水资源补给地和生态安全屏障，更是中国生物多样性的自然宝库。山水早在2009年就进入了三江源地区，开始野生动物监测、研究与保护活动。

2016年，在三江源国家公园体制试点启动后，山水更是与国家公园管理局联手，一方面通过与北京大学和当地社区合作，建立起包括长期红外相机监测、遗传学、有蹄类以及草地监测等在内的监测体系，开展野生动物研究和保护；另一方面在当地开展社区合作，针对人兽冲突、草场退化、栖息地破碎化等问题开展保护实践，进行与保护兼容的社区可持续发展尝试。

目前山水在澜沧江源园区有昂赛和地青村两个保护地，取得了一定的成绩；在地青村目前主要是针对人兽冲突和社区监测开展工作，70台红外相机覆盖了整片地青村，收集到的数据表明这里的野生动物生存状态良好，基于这样的背景，与社区共同开展的地青村自然体验项目也在稳步推进当中。

◆大猫谷自然体验项目是如何在当地推行的？

大猫谷自然体验应当是山水在澜沧江源园区进行的一

/ 昂赛工作站中可爱的雪豹 / 蒋人可 摄

场社会实验。2016年夏天，我们先在昂赛大峡谷举行了一次自然观察节，从公众中招募自然爱好者来到这里，对峡谷中的动物与植物进行观察，一是对这里的自然生态资料进行有效的摸底，二是看看人们对自然观察这一活动的真实体验。2018年8月，我们举行了第二届自然观察节，并挑选了当地牧民作为接待家庭，让他们与自然观察者组队，提供食宿与向导服务，共同观察野生动物。

事实证明，自然体验项目在昂赛大峡谷具有很高的可行性。于是我们与昂赛乡组成合作社，对当地牧民进行相关培训后让他们成为第一批接待家庭，加入自然体验项目中来。牧民合作社作为主体管理和运营，山水作为技术支持方和陪伴方，以确保这个项目能在当地生根并有可持续性的发展。

◆ 大猫谷自然体验项目发展到现在，是否符合山水的初衷？如何实现生态保护与创收的平衡？

山水的初衷，是在不影响峡谷生态的前提下让当地牧民获得收益，让他们更有动力来参与环境保护，这个项目首先是一个保护项目而不是纯营利项目。我们也曾收到一些不好的反馈，例如无法保证看到雪豹，毕竟绝大多数人是冲着雪豹来昂赛的，还有接待家庭和向导不能自由选择，食宿条件不如意，等等。但我们仍然严格控制发展规模，一方面引导自然体验者把更多兴趣放到峡谷的自然风光与众多野生动物上，另一方面努力提高接待家庭的服务能力。大猫谷自然体验并不只是单纯的野生动物拍摄，它应当是一次关于生态保护的有效交流，对于三江源国家公园的长远发展是一次有益的尝试。

◆怎样才能成为山水的一员？

山水自然保护中心欢迎所有自然爱好者的加入。山水每年都会推出研修生项目，报名者去三江源或者四川、云南等地驻点，用一年时间参与山水的自然保护项目，山水会对你的工作进行评估，你也可以看看自己是不是真的适应这份工作。这是一个双向的选择，如果双方都觉得可行，你就有机会成为山水的正式一员。此外，我们与三江源国家公园有一个科学志愿者项目，每年夏天都会公开招募志愿者，加入维护红外相机、野外监测、社区服务等活动中来。不过有一点，三江源志愿者并没有想象中的那般浪漫，它需要你付出艰辛的努力。

在权衡当地经济发展和自然保护关系方面，青海亟待解决的问题之一是针对不同生态系统的保护地，制定不同的生态系统健康评估基线，这是管理人类活动、协调发展与保护的科学依据。

大自然是神奇的，她的魔力之手赋予了三江源国家公园类型众多、数量巨大的农牧业资源。千百年来，对世世代代以放牧为生的当地牧民来说，只有增加牛羊，才能获得更大的收益。然而，在生态保护面前，过度的载畜量往往只能获得眼前一时的收益，对长远发展来说无疑是饮鸩止渴。

三江源国家公园共有三大园区，每个园区独特的地理特点，造就了不同的自然风光和野生动植物分布特点。其中，位于澜沧江源头的昂赛地区，具有独特的峡谷风貌和白垩纪丹霞地质景观，是国家一级保护动物雪豹的主要分布区。基于此，三江源国家公园管理局在条件较为成熟的澜沧江源园区，探索开展澜沧江大峡谷生态体验、昂赛乡雪豹自然体验等活动，打破牧民单一的收入模式，最终达到生态保护与增加收入共赢的结果。

一场春雨过后，昂赛大峡谷显得更加清新怡人。清澈见底的潺潺流水于平坦处汇聚成河，宛若一条被遗忘在高山草甸上的哈达，在阳光下散发着熹微的光亮。这里有纯净的蓝天白云，有高耸入云的雪山，有葱葱茏茏的崖柏，

/ 昂赛大峡谷 / 视觉中国 提供

有变化多端的丹霞地貌，构成了举世无双的绝美风光。

海拔4000米的昂赛乡，隶属于玉树藏族自治州杂多县，坐落在澜沧江源头的扎曲河畔。这里有一个藏在深山人未识的原生态景区，大自然的造化成就了这样的美景奇观。

2016年，《三江源国家公园体制试点方案》批复后，昂赛乡被划入了澜沧江源园区。除了青藏高原腹地独特的峡谷景观，这里还是世界上雪豹密度最高、种群生存状况最好的区域之一。昂赛乡也因此得名“大猫谷”。

2019年4月，一个基于社区合作社组织的自然体验项目在昂赛开展，并拿到了三江源国家公园特许经营项目试点。合作社的项目管理员选择了当地牧民家庭，为参与自然体验的访客提供向导、交通、食宿服务，大大增加了家庭的收入。

以雪豹为主题的全域化自然体验基地的建成，吸收牧民参与环保体验和教育服务工作，实现订单式管理，每个观察团为每户牧民带来可观的收益。有序适度开展自然体验活动，建立在大部门制改革的基础上，集中有效管理更有利于实现保护和受益的“双赢”目标，体现了园区牧民从单一生态看护向生产生活良性循环的转变。

三江源国家公园是三江源地区的核心区域，分布着高大山脉、冰蚀地貌、江河源区、雪山冰川、辫状水系、高海拔湖泊湿地、高寒草原、林丛峡谷等大量自然生态资

/ 威风凛凛的高山兀鹫 / 耳东 摄

源，孕育造就了丰富多彩、神秘多姿的人文生态资源，是展现三江源自然之美和悠久民族文化的窗口。自2016年开始，在三江源地区的玉树，昂赛、囊谦两个国际自然观察节先后落地澜沧江畔。曲麻莱自然观察节于2017年亮相黄河源头。2018年9月，玉树观鸟节也在青川藏三省区交界处的玉树市举办。

在这一系列活动中，参赛的自然科学爱好者的全部食宿由社区牧民负责，牧民还担任了自然科学爱好者的向导，通过双方配合，在自然观察活动中收集兽类、鸟类、两栖类和植物的影像、分布地点、名称，参赛费用由各支队伍自行支付，当地牧民直接获益。

随着生态旅游的发展，生态保护红利持续释放，农牧民的生活水平稳步提高。同时，青海省全面落实各项支农惠农政策和各类生态保护政策，设立草原生态公益管护岗位，拓宽了农牧民就业渠道，促进当地农牧民年人均可支配收入明显提高。

根据有关统计数据显示，青海通过管护就业、生态补偿、产业带动、务工增收、定点帮扶综合施策，2019年青海林草生态保护公益岗位达到13.8万个，其中建档立卡贫困户4.99万个，人均年收入超2万元，带动18万贫困人口持续稳定脱贫。

事物的发展是内因和外因综合作用的结果。在三江源国家公园优惠政策这个外因的不断作用下，祖辈生活在草原的牧民思想观念发生了巨大的变化。从草原走出的牧民，住进了宽敞温暖的新房。吃够了没有文化的苦头，他们再也不愿让下一代目不识丁，纷纷把自己的孩子送入国家投资的一座座三江源寄宿制学校。

处理好三江源地区生态保护和经济发展关系，不断提升当地群众综合素质，这是三江源国家公园一直秉承的宗旨。对牧民开展转产转岗培训，培训项目注重体现生态保护、民族特色及贴近当地社会经济发展，这是方向。培训生态保护、绿色种养技术、民族手工业、民族食品加工、家政服务、机电维修、导游与旅游管理等劳动技能，这是重点。只有通过不断的培训，才能增强牧民群众生产和生活技能，掌握生态管护的基本知识，就业渠道得以拓宽，家庭收入才能持续增加。

毋庸置疑，生态文明作为人类文明的基础，延续了人类社会原始文明、农耕文明、工业文明的历史血脉，同样也承载了物质文明、精神文明、政治文明的建设成果，贯穿在经济建设、政治建设、文化建设、社会建设的各方面和全过程。建设生态文明，是关系人民福祉、关乎民族未来的长远大计。

（本文作者为《西海都市报》记者）

第四章 秘境

扎青乡的源头之水汩汩东南去，日夜兼程数百公里，终于流出峡道，在青海最南端的隐秘角落囊谦冲入平坦开阔的河谷。等到跨过这道青海南大门，它就将在西藏昌都再次壮大，作为一条跨越国境的大河，开启漫漫旅程。

/ 远眺白扎林场 / 耳东 摄

为了赶赴这场交汇的盛宴，无数溪流亦从各个山头涌来，令囊谦拥有了青南高原难能可贵的一抹湿润。于是，晶莹的盐场、青葱的森林、美妙的生灵……无数奇景在这片历史悠久、山水相依的秘境中悄然孕育。顺着河道南下，等待我们的将是一场惊喜连连的旅程。

古道佛踪

7世纪初，吐蕃政权在雪域高原崛起，吐蕃王松赞干布遣使至大唐请求联姻。于是，贞观十五年（641年），文成公主奉唐太宗之命，从长安（今西安）出发，经甘肃入青海，翻越唐古拉山，最终抵达吐蕃国都逻些（今拉萨），从此开启唐蕃交好的新篇章。而在文成公主去世30年后，又一位唐朝公主—金城公主也踏上了前人之路，嫁往吐蕃。

我曾在这段和亲旅途的终点逗留月余，朝拜过文成公主主持建造的小昭寺，端详过大昭寺里她带来的释迦牟尼等身像，也默读过象征汉藏友好的唐蕃会盟碑，对着旁侧那截早已枯死的公主柳感慨万千。但彼时的我很少想过，这些远赴他乡的公主，究竟是怀着怎样的心情走完这漫漫出嫁路，直到这次作为调研队伍中的一支，我们从西宁启程，沿着昔日的唐蕃古道、今天的214国道前往玉树。每每越过高寒的垭口，穿过湍急的河流，在多年冻土区摇摆颠簸，千年前的温柔身影总会在无形中抚慰我的疲惫：比起她们经年累月的征程，十余个小时实在算不上什么。

文成公主的故事在汉藏民族间被长久传诵，她的众多遗迹也留在了这条千年古道之畔。而其中最令我此行期待的，当是整个涉藏地区唯一冠以公主

/ 文成公主庙与囊谦 /

之名的文成公主庙。

顺着214国道从玉树市区南下约15公里，在皑皑雪山和巴塘河水的映衬下，一片金顶红墙的寺庙建筑群充当着文成公主庙最醒目的路标。那是禅古寺（也称创古寺），创建于12世纪，历来负责文成公主庙的管理和维护，也是玉树规模最大的藏传佛教寺院之一。不过，老禅古寺在2010年玉树地震中遭到了几乎毁灭性的破坏，眼前这座崭新的寺院是震后国家拨款、信众筹

资、历时5年异地重建的结果。我们路过时正逢晨间课诵，从大雄宝殿里传来嗡嗡的诵经声，伴以阵阵悠长的号角声和厚重的鼓声，虽不震耳，但足以惊醒世间的迷梦。

禅古寺所在的河谷名为贝纳沟（勒巴沟），一条清溪在两侧陡峭崖壁之间蜿蜒，一派幽雅清静之景。从沟口向深处摸索约2公里，就到了文成公主

/ 红墙金顶的禅古寺 / 耳东 摄

庙。令我们惊讶的是，虽名公主庙，其规模尚不及禅古寺，主体建筑仅一座紧贴百丈悬崖的藏式平顶四合院，十步就能从正门穿过天井。

在这藏式平顶房围成的四合院里，三层小殿倚绝壁而建，两位喇嘛在殿前空地上整理着祈祷用的五彩布绳，不时有信徒进来敬香叩拜。

与寻常大殿不同的是，这座小殿直接以巨石为后墙，殿中供奉的酥油长

/ 明灭闪烁的酥油长明灯 / 喻鹏 摄

明灯明灭闪烁，香气弥漫。抬头仰望，石壁上雕刻着一组佛教造像，正是传说中文成公主当年留下的圣迹。主尊为大日如来，高七米许，端庄慈祥，结跏趺坐于莲台之上，莲台下有护法双狮，左右两侧各有四尊菩萨，手持不同法器。佛与菩萨的面容依稀带着大唐造像的雍容丰满，但服饰已具有藏传佛教的特征。相传这是笃信佛教的文成公主在艰难通过巴颜喀拉山和通天河后特意凿刻以感恩神佛的，数十年后，金城公主途经此地，又命人修建遮风挡雨的庙堂，始有“文成公主庙”。

大日如来与八大菩萨的题材最早出自河西敦煌，后传至藏地，成为吐蕃时期佛教艺术的重要内容。殿前所立的全国重点文物保护单位石碑上表明，这里又叫贝大日如来佛石窟寺，这组大日如来造像有明确纪年，真实开凿年代应该是在9世纪的吐蕃（晚唐）时期，比文成公主到达玉树的时间晚了大约200年。

但这并不妨碍当地藏族对文成公主的缅怀，他们还是习惯于来这里朝圣，沿着庙宇后山的步道转山，经过开满白花的灌木丛时在枝丫上系一颗用彩布缠绕的小石头，以寄托自己的祝福。

翻过海拔4493米的尕拉尕垭口，积雪慢慢退去，褐色的岩壁和初绿的草甸逐渐占据了两侧视野。素色天地间，庄严的金顶白塔、飘动的五色经幡、精致的彩绘佛像、巨幅的六字真言成了最鲜亮的存在，时常伴我们左右。

下拉秀镇位于214国道沿线，公路南北纵贯镇区，人口相对密集的街道不过2公里长，由三大札仓（学院）组成的龙西寺（也称龙喜寺、龙秀寺）建筑群断断续续延绵了1公里余。小镇北端一座高约60米的念解脱菩提宝塔尤为引人注目，上塔下殿的建筑形制十分独特，据说历经6年才修建完成，现为龙西寺辩经学院的主殿。沿路所见，不是身着橙红色僧服的僧人，便是头戴宽檐帽、手持转经筒的老者。小镇与寺院，仿若一体。

事实上，这在玉树藏族自治州南部并不罕见。玉树的藏族人口达到98%，是全国少数民族自治州中主体民族占比最高的地区；而玉树最南的囊谦县，又是拥有数量最多、教派最全的藏传佛教寺院的县级行政区。囊谦县

文旅局的藏族小伙江洋负责陪同我们在囊谦的全部行程，说到囊谦“禅定之乡”的美誉，他不无自豪地表示，在囊谦，大大小小的寺院遍布村镇，对许多百姓而言，寺院可以是祈福之所，也可以是急难时的庇护所，他们从寺院获得精神和物质的援助，也乐于将财物无偿捐给寺院。

离开下拉秀，沿着214国道继续前行，等待我们的是海拔4324米的尕日

/ 白雪皑皑的尕拉尕垭口 / 耳东 摄

拉山垭口。盘旋在山道上，壮美的景色徐徐展开。一条清澈的河流在我们脚下奔向远方，那是发源于杂多的子曲，也是囊谦境内五条大河之一，最终将汇入扎曲，成为澜沧江的一部分。如果驶上子曲旁的乡道，就会到达毛庄乡。在那里，子曲拐了一个180° 的大弯，与被河湾包裹的嘎丁寺（尕丁寺）共同构成一幅令人惊叹的美景。

子曲渐渐消失在山峰的背后，我们又翻过几道垭口。雪原与草地在窗外交替出现，唯有经幡和岩画继续如影随形。不知上坡下坡多少回，我们终于在穿过党隆尕峡谷后见到了从澜沧江源头奔腾而来的扎曲。河床越来越开阔，这意味着，我们离囊谦县城不远了。

千年唐蕃古道

唐蕃古道是一条连接唐都长安（西安）与吐蕃都城（拉萨）的古驿道，历史可以追溯到象雄、苏毗、党项、吐谷浑等部族先后与中原隋朝等政权建立联系之时，羌人之路、吐谷浑道、党项故道等都为唐蕃古道的形成奠定了基础。随着唐蕃关系日益密切，吐蕃使节、商贾、僧侣频繁往来中原，唐朝公主亦远嫁和亲，双方的各种交流促使这条交通要道逐渐定型并发展繁荣。

据考古研究，唐蕃古道全程3000余公里，跨越陕西、甘肃、青海、四川、西藏等地。玉树至拉萨之间又分南北两条支线：北线从玉树上溯子曲，经聂荣、那曲至拉萨；南线从玉树经石渠、德格进入昌都江达，过察雅、林芝至拉萨。214国道的青海段（西宁—玉树）基本沿唐蕃古道修建，途经日月山、倒淌河、巴颜喀拉山、通天河等山川，海拔最高可达4800多米，气候变幻无常。在交通便利的今天，这仍是一条考验身心的翻山越岭之路。

/ 上：上塔下殿的龙西寺 / 耳东 摄　　/ 下：觉隆尕峡谷崖壁上雕刻的佛像 / 耳东 摄

青海南大门

铺开中华人民共和国地图，面积约72万平方公里的青海省如同一只健硕的兔子蹲踞西北一角。而在它后腿的版图上，还藏着一只仿若缩影的小兔子：东西最长157.5公里，南北最宽130.5公里，政区面积1.27万平方公里，其名曰“囊谦”。

囊谦位于玉树藏族自治州的东南部，整个青海省的最南端，东南毗连四川甘孜藏族自治州，南跨唐古拉山脉与西藏自治区昌都市的丁青、卡若区和类乌齐接壤。如果说，玉树州府结古是货物集散地，那么囊谦就是往来商客进入青海的第一站，它以南大门的姿态，日夜守望着青海。

此外，囊谦更是丝绸之路南亚廊道上的重要一站。丝绸之路南亚廊道，主要指从长安出发，分别经四川、青海入藏，或经陕南、四川、云南最终通往南亚、东南亚的古代道路，青海境内的唐蕃古道是南亚廊道的主线之一。囊谦拥有众多盐场，是南亚廊道沿线重要的盐供应地，产品主要销往西藏昌都、四川南部和云南西北部边远地区。

由于恰好处在青藏高原向横断山脉的过渡地带，囊谦全境的平均海拔在4000米以上，部分地势高耸，但总体气候相对温暖湿润，向来有着“玉树小

/ 群山环抱中的囊谦县 / 视觉中国 提供

江南”的美誉。扎曲、子曲、吉曲、巴曲、热曲五条大河从西北向东南贯穿囊谦，为波澜壮阔的澜沧江源源不断输入着能量，也在重峦叠嶂间劈出了一道道幽深峻秀的峡谷，滋养出茂密的云杉和圆柏，更引得无数生灵前来栖息繁衍。

正是这得天独厚的地理环境，为囊谦的发展埋下了伏笔。

/ 囊谦周围的群山 / 视觉中国 提供

早在吐蕃立国的200多年间（7～9世纪），囊谦所在的玉树地区就被视为军事重地，为吐蕃提供兵源、马匹和其他军事给养，在政治、经济、文化等诸多方面都与之建立了颇为紧密的联系。吐蕃王朝分崩离析后，随着不同部落彼此的侵扰、兼并，一些部落开始迁徙他乡。根据《巴绒金鬘论》记载，大约在12世纪，一队人马从四川康定折多山一带向玉树南部行进，最终落脚在了囊谦。

当然，彼时还未有“囊谦”。此名之始，乃是该部落的首领哲哇阿洛为彰显家族荣耀，以先祖曾任官衔（内地中央政府的内大相，藏语称“囊论谦布”）命名部落，遂得“囊谦”（亦称囊钦、昂千、隆庆等）。之后，哲哇阿洛的势力逐渐壮大，范围覆盖玉树绝大部分地区，囊谦便被当作大本营。如此代代延续，长足发展，终令这片土地成为玉树历史上长达600多年的政治经济文化中心。

时至今日，这一中心地位无疑已经被更具区位优势的结古取代，然而，凭借悠久的历史和荟萃的人文，囊谦仍然是玉树首屈一指的文化大县。无论是浓厚多元的宗教气息，还是原汁原味的民俗和手工艺，囊谦都堪称独树一帜。

这是大河之源，更是一方文明之根。

经过约170公里的翻山越岭，我们终于沿着214国道抵达了囊谦县政府所在地香达镇。潺潺的扎曲在这里豁然开阔，呈现出令人惊喜的网状水系。西侧，一条支流缓缓汇入——从城西青土村珠母山流下的香曲，在东西横贯县城中央之后，便一头扎进了扎曲的怀抱。

我们来到香曲桥头时正是热闹的傍晚。除了林立的商铺，小汽车也沿着河岸排成一字，敞开后备厢，顶起小喇叭，变身移动摊位，一同用蔬菜、水果、酥油、糌粑等令人眼花缭乱的商品拉住路人回家的步伐。而在这熙熙攘攘的人间烟火气中，一座金碧辉煌的庙宇巍然矗立，耀眼的金顶召唤着我们不断靠近。

那是囊谦最大的寺院之一公雅寺在香达镇的宗教活动点，也称囊谦寺。绕过略带汉地风格的照壁，庄严的大经堂与东西两侧的圣洁白塔映入眼帘。经堂外的院落里，信众们有的推动经筒环绕经堂，有的围坐凉亭闲谈，等到余晖渐渐散去，风中有了凉意，方才互相道别，各自归家。我伫立其间，一瞬恍惚，仿佛置身的并不全然是寺院，更像是社区里的街心花园，安宁而惬意。

从囊谦寺向北步行5分钟，就是这座县城最繁忙的十字路口。夜幕降临，路口西北角的文化广场上渐渐聚集起散步消遣的当地人。伴着欢快的藏地旋律，他们默契地围成圆圈，跳起了锅庄。囊谦人的一天至此接近了尾声，而我们对这片秘境的探索才刚刚开始。

◇◆◆俯瞰网状河流

网状水系是指河流由多条独立或相通的稳定河道构成，彼此交错成网状结构，多出现在横向限制少、河谷宽阔的洪泛平原。尽管看起来与辫状河相似，但网状河道的稳定性要高得多，这与茂密植被对河岸的保护密切相关。囊谦恰好满足植被生长的气候条件，也促进了网状水系的形成。

要欣赏这一壮美景象，可以从囊谦县城向南行约5公里。在宽达1公里的河谷内，扎曲如同脱缰之马分裂成多条汊河，日复一日地在整片谷地冲刷堆积出清晰的网状脉络。航拍自然效果最好，不过在网状河段南端的高地，凭借肉眼，你也可以看出这一不同寻常的水系风貌。

寻找“囊谦王”

在将这片土地命名为囊谦后，哲哇阿洛自封“囊谦嘉宝”，即囊谦王，并主动归附南宋。从此，囊谦部落与中央王朝确立了领属关系，而手握实权的地方领袖便是囊谦王，后又被敕封为“囊谦千户”，如此延续25代。在囊谦的历史上，从藏传佛教各派的弘扬，到农牧业生产的发展，囊谦王家族都留下了浓墨重彩的一笔。

尽管“囊谦王”的称号在玉树地区实行民主改革时被正式废除，但其在百姓心中的地位并未随之消散，末代囊谦王扎西才旺多杰就是最好的例子。玉树解放后，他为新政权的建立和巩固忘我奔走，担任了许多重要的领导职务，1951年当选为玉树藏族自治区人民政府主席，并在1953年至1965年先后5次连选连任州长。

我们在囊谦第一站将要追寻的，正是囊谦王的印记。不过，昔日的王族府邸早已化作尘土，留存下来的，除了口口相传的故事，基本上就只有囊谦王的家寺——采久寺（也称才角寺）。

离开县城，顺着214国道向南，路过东仓家宅，又翻越过几个垭口，我们第一次见到了湍急的巴曲。溯流而上，穿过一道不长的峡谷，视野瞬间变得

/ 前往采久寺的途中 / 耳东 摄

开阔。平坦的绿色草坝一望无际，按照史料，富丽堂皇的囊谦千户府就曾坐落于此，只是此刻我们所见的，唯有一座寂然独立的采久寺。

采久寺的兴建源于19世纪初第22代囊谦王的兄长阿德·巴丹晋美才旺赤烈降生。阿德被认定为池秀寺活佛的转世灵童，自幼研读佛学；其母为减轻阿德往来池秀寺的舟车劳顿，故而命人在千户府附近建造了采久经堂。后来，阿德成为一代高僧，于是改以采久经堂作为囊谦王族的家寺，即千户所辖诸寺之首，其本人也担任第一世采久寺活佛。

阿德的德行与智慧广受敬重，虽千户之位由其弟继承，但直到阿德去世之前，囊谦部落的一切政教事务实际上都由他掌管。因此在囊谦，采久寺活佛始终拥有极高的地位。第八世活佛阿德仁波切尤其造诣非凡，德高望重，生前曾任青海省佛教协会常委、玉树藏族自治州佛教协会会长。2007年圆寂时，几乎整个青海的活佛都云集到采久寺，蔚为壮观。寺院现有一座陈列馆，收藏展示着第八世阿德仁波切方方面面的杰作和生活遗物。

下车后，随行向导江洋为我们找来了采久寺的涅巴（即总管）带领参观。得知来意后，涅巴一边让几位小僧人稍做准备，一边将我们领向大经堂左前方一处似乎荒废的院落。站在院墙后方的高处俯瞰，院内已然杂草丛生，中央还有一栋不知作何用途的平房。正当我们暗暗困惑时，涅巴从手机里找出一张第八世阿德仁波切绘制的建筑原貌图，举高示意我们与院落结构比对，我这才意识到，眼前竟然就是囊谦王族最后一代府邸的旧址！只不过，除了几面残缺的夯土墙，遗迹早已经荡然无存。尽管如此，院子的铁门上依旧挂着七把锁，而钥匙平时分别交由七人保管——这也是刚才需要“准备”的原因。

涅巴费力地一一开完锁，我们终于踏进了这片历经沧桑的王族故土。原来，此前见到的中央平房是后人建造的佛堂，精心供奉着囊谦王家族成员的灵塔，正中央的一座，就属于备受尊敬的末代囊谦王。

岁月如梭，囊谦王族的故事落下了帷幕，但一代又一代得其荫庇的囊谦人，仍习惯将心中的夙愿化作嘛呢石留在采久寺。大经堂的正前方，不计其数刻着六字真言的石块在千百年间堆叠成了一座庞大的石经山，直径百

/ 刻着六字真言的石块堆成的石经山 / 耳东 摄

余米，高达数层楼。山麓经筒环绕，山顶经幡飘扬，更有一座高大的金身释迦牟尼佛镇立其中，在阳光下熠熠生辉。涅巴告诉我们，此山是真正的“活”文物，不曾损毁，甚至未受2010年玉树地震的影响。它仿佛一位沉默敦厚的老者，见证着一个家族和地区的兴衰起落，也聆听着芸芸众生的苦乐悲欢。

新的石经仍在篆刻，而成千上万的囊谦人，也必将继续书写这个后囊谦王时代的新传奇。

东仓大藏经

佛教将经典称作“藏”（zàng），而佛教典籍之汇丛，便是广为流传的《大藏经》。因在不同地区皆有编纂，《大藏经》存在诸多版本，主要分为汉文、藏文、蒙古文、满文等多个体系。据研究，《大藏经》传入青藏高原至迟发生于7世纪左右，对当地的僧俗民众都产生了十分深远的影响。

通常《大藏经》只由宫廷、官府、大寺院收藏，但在囊谦东日村，一个名为“东仓”的家族却以私人遗产的形式世代保管着一套，俗称“东仓五百部”。事实上，“东仓”是由藏族四大姓氏“塞、木、东、冬”中的“东”演变而来的，在唐代属于强大的苏毗部落，更有专家认为，囊谦东仓家族的先祖，很可能就是藏族英雄格萨尔王麾下三十大将之一的东·白日尼玛江才。

相传，最初的东仓大藏经确实多达500部，但在历经数百年的动荡后，完整保留下来的仅三分之一左右。不过就算如此，东仓大藏经依然被认为是迄今为止发现的由民间藏族家庭收藏的最古老、最完整的手写《大藏经》，不仅囊括了《甘珠尔》《丹珠尔》等佛教经典教义，还记录了几乎所有藏族学科的内容，被誉为“藏族百科全书”。经书本身的制作也十分讲究，文字使用金粉、银粉、朱砂等着墨，载体则由藏黑纸、桦树皮、牛皮制作，堪称藏地民间之瑰宝。

2010年的玉树地震同样波及了东日村，存放经书的二层藏式碉楼难逃此劫。震后，得到抢救的《大藏经》被转移到了玉树结古镇（所藏地现辟为东仓大藏经博物馆），村里的旧藏书楼在修复后也被列为青海省级文物保护单位。从囊谦县城沿着214国道南下约25公里，就可以看到路西侧写有“东仓家宅”的指示牌，顺着水泥小路下坡即到东日村（网络地图显示“东日尕”）。碉楼旁残留一圈均匀开凿凹槽、嵌有U形木条的土砌拴马墙，可以想见昔日东仓家族的骁勇。也或许，只有这样的家族，才会以数十代人的心血，如维护信仰一般，将这鸿篇巨著永久珍藏。

/上：修复后的藏式碉楼/耳东 摄　　/下：土砌拴马墙/耳东 摄

猴子吃盐的地方

采久寺外，巴曲一路向南涌入了峡谷。若要追寻它的踪迹，就必须折回214国道，在东日村附近再进入832县道。这条路通往极负盛名的尕尔寺及其峡谷，沿线看点颇多，是目前囊谦最受欢迎的一条旅行路线。

拐上县道不久就来到一个丁字路口：直行可至娘拉乡，并经过囊谦主要寺院之一的公雅寺；前往尕尔寺则必须右转走岔道。我们驶上岔道不过几分钟，向导江洋突然示意停车："盐场到了。"我连忙打开手机地图定位，这才发现白扎盐场就在白扎村的中心，即去往尕尔寺的必经之路上。

计划这次澜沧江源行程前，我对青海盐业的了解仅限于湖盐。在海拔较高、人烟稀少的青藏高原深处，总有储量丰富的湖盐产区。被誉为"中国天空之镜"的茶卡盐湖就是拥有2000多年开发史的湖盐产地，类似的还有察尔汗盐湖、柯柯盐湖等。然而，鲜为人知的是，在青藏高原东部人口相对稠密的囊谦地区，还有一种源于地下卤水的井盐。

由于地处三江成矿带，独特的地质结构给囊谦带来了高盐分的土壤，地下水亦成为饱含盐分的卤水。在囊谦大部分的盐产区，卤水常常如喷泉般涌出地面，直接在泉口处积水成塘，无需从深井中汲卤就能直接露天晒制，这

/ 棋盘式的赭红色盐田 / 耳东 摄

种盐因此也被称为泉盐。裸露的泉盐导致囊谦盐矿早早就得到了开发。根据中山大学人类学教授坚赞才旦的研究分析，至18世纪（清乾隆年间），囊谦已建有5处盐场。《青海省志·盐业志》记载，民国年间，青海省政府还收购了囊谦盐场，并在囊谦成立盐务局，其产量可见一斑。

目前，囊谦县境内发现盐泉29处，其中8处建成盐场。我心心念念的白扎盐场，便是囊谦公认最大最古老的盐场，至少拥有800年的悠久历史。

/ 析出的盐晶 / 耳东 摄

可是，若非提醒，我确实没能认出总面积达34,465平方米的白扎盐场。直到被领到一片浸泡着卤水的红土地前，我才恍然大悟：原来这里全然不同于茶卡盐湖的纯白世界，近在咫尺的盐场竟换上了一种热烈的色调！

我极目远眺，只见一望无际的赭红色黏土被划分成面积均匀的一块块盐畦，有的刚注满卤水，有的已经曝晒多日析出了一簇簇盐晶，如霜似雪。越往里走，地势越高，棋盘式盐田逐渐变成不规则的水塘，山坡随形就势，大小不一，仿若层叠错落的梯田。

江洋告诉我，当地藏语把“白扎”叫作“支擦”，“支”意为猴子，“擦”意为盐。在当地的传说里，白扎盐场的建设正与猴子有关：很久很久以前，白扎村一带还是森林的时候，人们发现林间猴群常常喜欢聚集在一处舔舐泉水，于是前去品尝，发现泉水有咸味，兑入食物后还能提鲜，从而就地建起了盐场。

传说固然无从考证，但白扎村的盐业确实在世代延续。降雨较少的四五月向来是白扎盐场的生产旺季，不少村民此时也在附近忙碌。他们以晒盐制盐为生，所产的藏红盐可销往西藏。在当地人看来，这些食盐不仅在传统工艺流程中基本不受污染，而且有益健康（对肠胃病有一定疗效），若是牲畜吃了，连肉质都能更加鲜美。

如今，白扎村除了产盐，还在大力推广藏红盐文化。我们看到，盐场一路之隔的空地上正在大兴土木，据说计划建造一座囊谦盐博物馆和一间盐主题的酒店。或许在不远的未来，这块猴子吃盐的地方将声名远扬，真正实现为自己“带盐”。

“像进了养鸡场”

白扎乡以两“场”著称，一是历史悠久的白扎盐场，二是覆盖南部山区的白扎林场。告别白扎村，我们继续向南驶入群山深处，寻找另一个“场”。路面愈发狭窄，两侧的林木愈发茂密。突然，前方出现一道拦车杆，显然是森林防火期为检查往来车辆而设的。过了这道杆，我们就算正式进入了林场。

5月初的玉树，大部分地区的山头仍然白雪皑皑，然而，身处海拔3700～4000米的白扎林场中，眼前竟是一幅江南不知高寒的郁郁葱葱之景。挺拔的云杉和翠柏漫山遍野，层层叠叠深浅不一的绿色为青南高原带来难得一见的峡谷森林风光。总面积达7.5万公顷的白扎林场正如同一面巨大的屏障，严严实实地守护着澜沧江源头的自然生态。

很难想象，这样的白扎林场在20多年前还是一片采伐林，每年有一两千方的大规模伐木指标。直到1998年国务院颁布禁伐令，曾经的伐木员成为护林员，一切才慢慢好转了起来。更可喜的是，2005年，国务院批准实施《青海三江源自然保护区生态保护和建设总体规划》，随之启动三江源生态保护和建设一期工程，最终令三江源森林得到恢复，白扎林场当然也在其中。

/ 白扎林场 / 耳东 摄

如今的白扎林场已经成了野生动植物的天堂，按照当地牧民的说法，只要运气好，猞猁、白唇鹿甚至豺、雪豹等多种珍稀动物都有机会见到。曾经主要在云南西北部和西藏东南部活动的藏猕猴，近年来也在白扎林场持续繁衍壮大，以至于江洋一路上反复叮嘱我们，如果遇到猴子，务必谨防被顽皮的它们抢食。只是很可惜，我们此行未能捕捉到藏猕猴的身影。

但取而代之地，我们偶遇了另一种高原生灵——白马鸡。

野生的白马鸡通常生活在海拔较高、人迹罕至的深山老林，平时人们很难见到。在这次澜沧江源之行前，我只在西宁野生动物园与这一物种打过照面，但从大自然来到人工环境之中的马鸡们显然丧失了精气神，个个都是软绵无力的样子。

可在澜沧江源园区，白马鸡可称得上常见物种，尤其是在白扎林场，景象截然不同。无论是河滩、灌木丛还是山坡草甸，哪怕紧紧挨着道路，我们也都能轻易地观察到成群的白马鸡。这些白色羽翼的小家伙常常闲适地踱步、觅食，彼此呼唤或是洪亮地“嘎嘎”合唱几声，即使我们仅有几步之遥，它们也没有表现出惊慌失措。我们纷纷为能见到这一保护动物而雀跃，起初频频让司机停车，拍了个尽兴，可林场里繁衍生息的白马鸡数量实在超出了预想，以至于到了后来，原先最有热情的摄影师都放下手中的“短炮”感慨道：“简直像进了养鸡场！”

沿着峡谷，我们在林场里越走越深，也再次见到了清澈的巴曲。更多美妙的林间精灵出现在镜头里：白鹡鸰，黄腹柳莺，白顶溪鸲……在巴曲河畔休憩时，我忍不住闭上双眼去感受这一切，只听见鸟鸣清脆，溪水潺潺，云杉在风的拂动下簌簌作响。那一刻，我仿佛真的成了山林的孩子，彻彻底底地沉浸在它的怀抱之中。

/ 雪中悠闲踱步的白马鸡 / 耳东 摄

悬崖上的尕尔寺

峡谷渐渐打开，我们慢慢驶上盘山小路，又不知绕过几个弯，终于在半山腰遇见有人居住的村庄，感受到了穿越林场峡谷后的第一道烟火气。视线越过山坡上的民居，不远处粗犷岩石堆积成了气势磅礴的山体，在它临崖的一角，一排金色屋顶、红白砖墙的建筑群被阳光照耀得分外夺目。它们稳稳地矗立着，仿佛已经与岩石交错共生了千百年。

“那就是尕尔寺了。”江洋指向悬崖上的建筑。他是土生土长的白扎乡人，从小到大来尕尔寺的次数多得数不清，之前自家还给寺庙捐过400头牦牛。在当地信众的心中，海拔4000多米的尕尔寺就像开在云端的一朵白莲，无比纯洁神圣。经书、唐卡等不计其数的圣物遗留在此，甚至还有一座相传由文成公主带入藏地的法轮“加那玛”，无需外力就能恒久自转，护佑众生，堪为镇寺之宝。

悬崖上的平地有限，因而尕尔寺的总占地面积并不大，一条约百米长的水泥路就是唯一的主干道。经堂和佛殿大多设在不临崖的道路内侧，江洋带我们推开其中一间的厚重木门，即刻从中传来叮叮当当的风铃声。抬头一望，佛像上方一排悬挂铃铛的经筒正飞速转动，传说中文成公主带来的法轮

/ 绝壁上的尕尔寺 / 耳东 摄

（即转经轮）就被安置在正中央。当然，这流传至今、曾遭损坏的法轮早已无法自转，如今是尕尔寺的僧人以轮班值勤的方式昼夜无休在阁楼拉动经筒，才能为世间延续这千年不息的福音。

清脆的铃声将午后的尕尔寺衬得更加清静，僧人也没了踪影。反倒是一只岩羊不知从哪里冒了出来，竟踱着步子走到我们中间。岩羊是典型的高山

/ 上：尕尔寺金碧辉煌的内部 / 耳东 摄　　/ 下：尕尔寺精雕细刻的门环 / 耳东 摄

动物，天生机敏谨慎，平日里为了躲避天敌，常常顶着迷惑性的灰褐色皮毛在岩壁间“隐身”，一旦被发现，还会使出攀岩走壁的绝技，在近乎垂直的裸岩上疾速移动。前来尕尔寺的一路上，为了不惊扰这些胆小的岩羊，我们的观察和拍摄始终保持较远的距离，可此刻，眼前这只岩羊几乎触手可及。

我们还在啧啧惊叹，江洋却已经和小羊嬉戏了起来。在他看来，这在尕尔寺根本不算什么奇事。由于地处高海拔，寺院周边多有野生动物出没，除了岩羊，调皮的藏猕猴也是常客。僧人对这些不请自来的小客人向来友善，动物们也仿佛被佛祖种下慧根，个个有了灵性，愈发与人类亲近了起来。

参观完建筑群，我们沿着一旁的台阶前往林木茂密的后山。山间有一条落满针叶的小径，约与下方的水泥路平行，连起来便是一圈完整的转经道。小径的尽头连着一个开阔的观景平台，从这里向外望，远处群山起伏，眼底便是来时穿过的曲折峡谷，风光美不胜收。

就在此时，上天又送来一份神奇的礼物：万里晴空之中，突然降下晶莹剔透的小冰雹，恍惚间仿佛大雪纷飞，山林愈显苍翠。可就在我们回过神，纷纷掏出相机要记录这一绝景时，冰雹戛然而止，地面也很快干透，似乎这10分钟无事发生。高原气候的多变，我们在尕尔寺算是真正领教了一番。

差不多到了离开的时间，在江洋的建议下，我们决定走一条与来时不同的下山路，看看尕尔寺背后更质朴的山谷风貌。然而，越原始的环境意味着越坎坷的交通，如果说来时只是颠簸，那么此刻已经上升到了惊险。仅一车宽的坑洼土路紧邻着陡峭山坡，直线前行已属不易，每一次过弯更是在挑战司机的车技和我们的胆量。这确实是一条少有人走的路，但它的存在也证明，荒野寻路不过是当地牧民的日常。在看似渺无人烟的河谷深处，我们还路遇两户人家，干栏式房屋外摞着整齐的木柴，排着几块太阳能板，俨然过

/飘雪小径上行走的藏族老人 / 耳东 摄

着自给自足的生活。反观自照，或许是我们习惯了无尽的索取，才会常常忧虑物质条件的匮乏；这些与山川鸟兽为邻、不计较身外之物的人，反而拥有一个远比我们想象中富足的世界。

如此一番崎岖辗转，又钻过一处天然岩洞，最终我们回到奔涌的巴曲河畔，正式与尕尔寺说了再见。踏上返回县城的路，来时的峡谷、林场、村庄、生灵再次成为车窗外的风景，将澜沧江源头的勃勃生机深深烙印在我们的心底。

第五章 传承

行走在澜沧江源地区，山脉连绵不绝，河流奔涌不息，无论斗转星移，始终恒常如一。守望着这片山川的人们，早已习惯了不疾不徐地前行，将亘古的记忆世代延续。在他们的传承下，“千年”似乎不再是漫长的时间单位：寺院里的经轮转了千年，嘛呢石刻堆积了千年，千年前的宝塔焕新重生，千年后的格萨尔故事依旧传奇。

/ 囊谦县周围的群山 / 视觉中国 提供

在囊谦的探秘之旅还未结束，我们将循着历史和传说，寻找身怀绝技的艺人，也与许多未知的美好不期而遇。岁月会变迁，但族群的精神永在。灿若星河的传统文化，与珍视并弘扬这一切的人们，都是这片土地无与伦比的宝藏。

起舞，在神山之下

对于青藏高原以外的大多数人而言，“囊谦”这个地名几乎勾不起任何联想。它最近一次在中文网络世界拥有热度，还要归功于两位年轻的囊谦音乐人：他们以“ANU”为名组合出道，成为2019年湖南卫视综艺《歌手》的踢馆候选人，其结合流行音乐风格和藏族文化元素的原创歌曲《FLY》一炮而红，甚至在北京冬奥会开幕式的暖场表演中响彻全场。

“*飞，飞吧*

若不飞翔，生命将会流逝

若不飞翔，梦想将会破灭

展开自由的翅膀

带着神奇的梦想

穿过轮回飞往幸福之地

追寻内心深处的灵魂，飞吧”

我不知道囊谦算不算他们所唱的“幸福之地”，但我从媒体报道中得知，ANU组合成员之一宫巴在2022年回到了囊谦，决定筹办一所文化艺术学

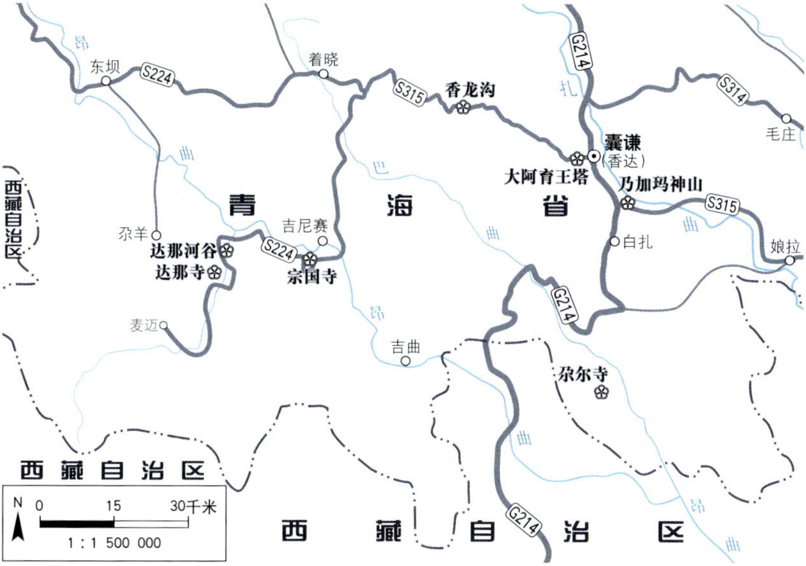

/ 囊谦 /

校。而非常巧合的是，我们抵达囊谦的当天，正是学校建成开校的日子。路过县城中心的文化广场时，舞台已经搭好，据说为了庆祝开校，第二天会有包括ANU在内的许多本土艺人登台演出。

宫巴曾在一次专访中提过办学的初心：“囊谦是我的家乡，家乡有很多热爱艺术的人，我想把自己学到的知识传授给更多的人，所以创办了这所文化艺术培训学校。”尽管这次行程我们无缘探访宫巴的学校，但在囊谦县文旅局的排练室里，我们确实见到了一群热爱音乐和舞蹈的年轻人。

伴随着急促的鼓点、轻快的旋律，神采飞扬的舞者们不断旋转、翻身、跳跃，变换着舞姿和队形。他们即使没有穿着艳丽的演出服，也足以叫我们看得目不转睛。一旁陪同的江洋告诉我们，这就是玉树传统舞种中最具技巧性、氛围最热烈的热巴舞。这些年轻人来自囊谦县成立的土风歌舞团，几乎每天都会来这里排练，学习表演包括热巴舞在内的各类舞蹈、山歌、小调等民间艺术。多年来，土风歌舞团取得了不少成绩，2010年玉树地震后，他们还作为玉树派向内地的首支演出队伍，登上第九届中国艺术节“群星奖”舞蹈决赛的舞台，向全国人民对玉树灾区的无私援助表示了感谢。

这些年轻的团员本身都是囊谦当地的农牧民群众，他们的进步一方面靠自身的天分和努力，另一方面也有赖于经验丰富的歌舞传承人的传授——我们来文旅局打算拜访的，正是他们的老师之一、囊谦卓干玛的国家级传承人，布扎西。

卓干玛是玉树卓舞的一种，相传起源于北宋年间，清朝乾隆年间盛行。与先前见到的热巴舞不同，卓干玛是相对古朴凝重、更具威严感的舞蹈。在布扎西生活的白扎村，卓干玛还有一段颇为传奇的历史。据说在800多年前，藏传佛教噶举派领袖、噶玛巴一世活佛接受白扎村民的邀请前来观礼摸顶，从那以后，白扎村便有了为高僧大德者献舞的习俗。过去，白扎卓干玛只有得到首领（即囊谦王）的允许才能表演，可见其尊贵。虽然后来减少了限制，但布扎西老师透露，有些专门迎送活佛等贵宾的舞蹈，如今仍然不可对外展示。

对布扎西老师的访问是在囊谦文旅局“非遗”办公室进行的，藏族姑娘索南为我们全程翻译。或许是语言不通，也或许是性情内敛，布扎西老师起初话并不多，显得有点拘谨。但在被问到开始跳卓干玛的契机时，这位年过六旬的老人像是回忆起了什么，面露羞涩，三言两语让一旁的索南都听得笑了起来。原来，布扎西打从儿时起就喜欢舞蹈，几乎一有空、一听见音乐就想跳舞，全村谁都比不上。正是怀着这样一颗赤诚的热爱之心，最终布扎西把学习卓干

/ 囊谦卓干玛的国家级传承人布扎西 / 耳东 摄

/ 俯瞰扎曲 / 耳东 摄

玛、传承卓干玛变成了一辈子的事业，不仅自己跳，还在村子里组建舞蹈队，带着他的队员们在春节、元旦、佛教活动等节庆上表演卓干玛。

采访的最后，我们希望老师能现场跳上一曲。而考虑到卓干玛传统的表演场合与歌舞寓意，江洋提议，不妨去县城以南8公里的扎曲河畔，将乃加玛山作为背景。

车还未至山脚，乃加玛山就已经相当引人注目：山体仿佛一条蜿蜒的巨蛇，山脊的一端奇峰突起，一如蛇首昂然。对当地人而言，乃加玛是一座极其殊胜的山，甚至被誉为百山之首。在古老的传说里，这座山由一条被莲花生大师镇住的蛇妖化身而成，每到猴年，乃加玛山神就会召集一百位山神前来聚会，所以人们相信，转了乃加玛山就等于转了一百座神山，功德无量。不仅如此，这还是一座与卓干玛颇有渊源的山——相传当年为了庆祝莲花生大师降伏蛇妖，仙女们特地下凡，载歌载舞，而此情此景恰好被附近的村民偷偷看见，天界的舞蹈这才流传到凡间，渐渐演变成了囊谦的卓干玛。

故事的真假自然无从究辨，但它让我更加确信，卓干玛绝非为了简单的娱乐，而是懂得敬畏与感恩的人们用虔诚的歌舞来赞颂天地与万物的方式。

来到山前，布扎西老师已经换好了囊谦地区特有的藏族男性装束：内穿白色丝绸长袖衣，外搭一件绛红色氆氇藏袍，下身着白色灯笼裤，脚蹬皮质藏式长靴，头顶还戴着一种红绳和头发相互辫结的盘头长辫。比起之前在办公室的拘谨神态，此刻的布扎西老师显得十分振奋，没等摄影师按下录制键，就已经自顾自地舞动了起来。那一瞬间，我仿佛看到了多年前那个全村最爱跳舞的孩子。

终于，一切准备就绪，布扎西老师带着庄重的神情开始演出。他唱颂着五方之神，时而长袖挥出如老鹰振翅，时而奋力蹬腿如健硕山羊。虽仅一己之躯，却如众人在场。望着老师的身影和他背后的山峰，我突然无比相信，没有人、没有神不会被这样的歌舞打动，而这片土地，也必将得到长长久久的庇佑。

◇◆◆ 玉树国家级非物质文化遗产代表性项目名录

- 藏族民歌（玉树民歌）
- 弦子舞（玉树依舞）
- 锅庄舞（玉树卓舞）
- 锅哇（玉树武士舞）
- 赛马会（玉树赛马会）
- 藏族服饰（玉树传统服装）
- 锅庄舞（囊谦卓干玛）
- 藏族唐卡（藏娘唐卡）
- 陶器烧制技艺（藏族黑陶烧制技艺）
- 藏族金属锻造技艺（藏刀锻制技艺）

/ 雪山下盛装起舞的布扎西 / 耳东 摄

藏陶故里

在玉树的国家级非物质文化遗产代表性项目中，囊谦县独有的门类占到了两席，一是卓干玛舞蹈，另一项便是我们即将前去观摩生产的藏族黑陶。

关于黑陶，过去我所知的多是龙山文化的典型器物，主要分布在山东地区。20世纪20年代的考古发掘之初，由于出土了大量乌黑发亮的陶器，专家还一度将此遗存命名为“黑陶文化”，令中原的龙山黑陶声名鹊起。然而，来自高原涉藏地区精湛的黑陶工艺，我却是初次耳闻。

不过，在囊谦当地流传的故事里，黑陶与汉地倒也确实有几分联系。相传，绿度母化身的文成公主拥有无尽的智慧与慈悲，在前往西藏的一路上，她将耕作、纺织等诸多谋生技能传授给唐蕃古道沿途的人们，黑陶制作的秘技也由此留在了囊谦。从那以后，本地原始的制陶工艺因结合了“汉方”而日趋完善，又在藏族文化、宗教的影响下逐渐自成一派，到明清时期，更是演化出了玉树康巴地区特有的藏黑陶。据考证，囊谦是整个涉藏地区为数不多出产黑陶的地区之一，其制品类型十分广泛，从日常生活所需的酥油壶，到寺院必备的宗教用品，都有藏黑陶的用武之地。

/ 热情的白玛群加 / 耳东 摄

但令人意外的是，尽管藏黑陶如此独特，到了20世纪90年代，完全掌握这种古法工艺的匠人在囊谦却已寥寥无几。2001年，囊谦的藏黑陶艺人只剩下吉曲乡的扎旺师傅，而那时他已经年过七旬，藏黑陶复杂的生产工序，特别是烧制时的秘方，亟需传承。为此，囊谦县政府出面四处寻找合适的传承人，在几经筛选之后，终于定下了白玛群加。2008年，囊谦黑陶烧制技艺被列为国家级非物质文化遗产，白玛群加则在2012年被列入了国家级非物质文化遗产传承人名单。我们此次前往的黑陶生产基地，就是白玛群加创办的藏黑陶工作坊。

见到白玛群加老师的时候，他才风尘仆仆地从玉树机场赶回囊谦。几天前，他远赴北京参加交流活动，从讲座分享到市集摆摊，抓紧一切机会将藏黑陶的魅力传递给高原外的世界。听到我们来了，白玛老师没等换好藏袍就热情地出门迎接。虽是初次见面，这位不惑之年的国家级“非遗”传承人却丝毫没有架子，反而关心起我们这些外乡人能否适应囊谦的气候——毕竟5月的囊谦依然风寒料峭，连他自己从西宁飞往玉树都因无法降落而被迫折返滞留了一日。

生产基地的规模不算很大，更多作为藏黑陶传习、保存和展示的地方，白玛群加和家人也在这里日常起居。露天小院里鸟语花香，黑陶制成的擦擦（小到可以随身携带的泥塑佛塔或佛像）正在进行最后的晾晒。一旁有栋低调的二层小楼：一楼是个小小的陈列馆，摆满了白玛群加老师的精品之作和他从各地收藏而来的文物级古黑陶；二楼用于接待、工作和居住，零散的黑陶制品从窗台到餐桌几乎随处可见。游走在这样的空间，我深刻地感受到，或许对这位手艺人而言，藏黑陶与其说是一门工艺，不如说是一种生活方式。

我们的对话自然围绕藏黑陶展开。一回忆起接触黑陶、拜师学艺的经历，白玛群加就像打开了话匣子，滔滔不绝。在他看来，能够有机会传承濒临失传的技艺，是莫大的荣幸，也是艰巨的挑战，更是一旦扛起就不容卸下的责任。习得藏黑陶秘方的白玛群加不仅自己勤于制作，在工艺上精益求精，而且打破了过去一师一徒单传的传统，主动办厂，广为传授。从最初的

/ 现场制作黑陶的白玛群加 / 耳东 摄

/ 重建的阿育王塔 / 耳东 摄

帐篷工坊到现在的生产基地，白玛群加已经带出了上百名学徒。至于所谓的“教会徒弟、饿死师傅”，他从不在意——他明白，只有会做、会用的人越来越多，囊谦藏黑陶才能越走越远。

为了让我们更直观地了解藏黑陶的特性和工艺流程，白玛老师还特意取出悉心封袋保存的陶土和一套朴素的木制工具，盘腿席地而坐，现场制作起了相对简单的黑陶杯。加入适量水和沙子的土块先被揉捏成团，在木板的拍打下逐渐变成适合塑形又不会开裂的条状泥片。接着利用基座，将泥片围合成大致的器形，一边旋转基座一边以陶拍轻轻拍打，慢慢调整轮廓，同时用木刮刀刮匀刮平。最后在杯沿和腹部简单勾勒出一周阴圈纹作为装饰，素坯就基本成形。虽然原理不算复杂，但调和物的比例、拍打的力度、旋转时的修饰等，都有赖于丰富的经验和一双巧手。若非经年累月对技艺的打磨，绝对无法做到如此信手拈来。

怀着对匠人的崇敬之心，我们依依不舍地告别了这方貌不惊人却内有乾坤的小院。接下来，我们就将随着英雄史诗《格萨尔王传》的指引，前往囊谦县西南的河谷与高山。

重建阿育王塔

阿育王是公元前3世纪印度孔雀王朝的第三代君主，也是印度最伟大的国王之一。为了推广佛教，他在各地立起许多顶端有四面狮头的石柱，寓意以狮吼传递佛音；同时取八万四千份佛陀真身舍利，交天下信众，于普世间广建佛塔弘法利世。因此，世人将这样的石柱和佛塔分别称为阿育王柱和阿育王塔。相传，在囊谦县城香曲河北岸的香龙滩上就曾有一座佛塔，当地称“哥东（格戎）佛塔”，意即释迦佛骨舍利塔，被认为是八万四千座阿育王塔之一。

在很长一段时间里，佛塔旧址上只有残留的土坯，但前来转经、磕头祈福的信众仍络绎不绝。为了让众人心中的佛塔重现世间，采久寺的第八世活佛阿德仁波切在实地考察后设计了一份草图。重建工程于2010年启动，最终建成宏大庄严的五层覆钵式白塔，并增加了一尊高达33米的释迦牟尼佛金身塑像。

沿着224省道向西离开县城中心，道路南侧的阿育王塔建筑群非常醒目。白玛群加的黑陶生产基地就在大佛像身后的住宅小区内。

穿越达那河谷

沿着224省道一路向西，房屋稠密的香达镇逐渐远去，苍莽空旷的山川重新占据视野。驶出县城仅15分钟，我们又迎来了熟悉的“Z”形盘山路。小车缓缓翻过山脊，眼前的河流劈开一道曲折蜿蜒的峡谷，仿若盘踞在群山之间的卧龙，等待我们的光临。汉语的景点介绍常将这条约25公里长的峡谷称作香龙沟，这么看来倒也有几分道理。不过事实上，“香龙沟”只是对藏语名称“肖容尕”（尕意为峡）的音译—在峡谷入口的另一端，耸立着海拔4712米的肖容多盖拉山，峡谷也由此得名。

进入峡谷之时正赶上雨夹雪，水汽氤氲，望去就像一幅白色雪花与褐色岩壁交织勾勒的天然水墨画。突然，这图景中多了一片亮眼的彩色，驶到近处一看，一条条五彩经幡从陡崖顺着山坡挂到了路旁，在寒风中热烈地飘扬。经幡之中，一股细流从山腰滑落，在这旷野中显得格外婀娜。见状，江洋立刻为我们解释道，在本地藏族的传说中，格萨尔王的王妃珠姆出嫁前就常在这条瀑布下方的泉池中沐浴梳妆。而这条如有神性的瀑布也确实终年不断，只是水量无常，每年夏季到来之前，人们往往会根据它的出水量来预测夏季的降雨规模，以此更好地安排农牧生产。据说，这条瀑布的预言通常是

/ 群山中蜿蜒流过的吉曲 / 耳东 摄

准确的，想来若不是神灵相助，便是源于藏地百姓与自然世代共生的智慧。

翻过被积雪完全覆盖的肖容多盖拉山垭口，又在山坡上行驶了半个多小时，一个急转弯，狭窄的水泥小路取代了宽敞的沥青省道。一旁的路牌显示，这正是前往达那河谷的路。

达那河谷位于囊谦县西南部的吉尼赛乡。澜沧江的一大支流吉曲蜿蜒穿过然察大峡谷，形成了长约50公里、最低海拔3800米的河谷。由于地处偏远，交通不便，达那河谷至今保存着颇为原生态的自然环境，也为许多高原精灵提供了栖息的家园。我们接下来的行程，就是穿越整条达那河谷，抵达尽头的达那山和达那寺。

越往深处，路况也越不如人意，但窗外的景色几乎让我们忘记了车轮下的坎坷。溪水并肩潺潺流淌，远处的山峦此起彼伏，每一次峰回路转都带来了不一样的惊喜。当我们沿着崎岖山路盘旋在然察大峡谷谷口的山崖之上时，更是感受到了“会当凌绝顶”的快意。顺着石阶登至山顶俯瞰，一面是奇峰叠起、怪石嶙峋的峡谷，另一面是向着重峦叠嶂奔流而去的吉曲。而在我们身后，还静静矗立着一座古老的宗国寺，据说每到春暖花开之时，寺院就会被葱茏的花草装点成一处隐世仙境，因此历来是玉树地区有名的禅修地。

谷口的吉曲格外开阔，四周分布着星星点点的民居和高原并不常见的耕地，我们也由此得以一窥本地藏族传统的生产生活方式。青稞和芫根是最常见的作物，若在金秋前来，还能目睹一幅热火朝天的收获景象。

在这些聚居地的附近，向来胆小机警的野生动物也一反常态变得活跃起来。我们甚至在村庄对岸的河滩发现了一群体型高大的动物，借助摄影师的长焦镜头，辨识出了鹿角和纯白色的下唇——竟是一群白唇鹿！白马鸡和岩羊也离开了灌木丛和峭壁，来到毫无遮蔽的草坡，变得格外醒目。我原本打算远远观望岩羊，以免惊扰它们，没想到江洋看了看我身上的红色冲锋衣，告诉我不妨走近一些，“附近的觉姆经常来喂食，它们见惯了红色（僧服），不会太害怕。”那一刻，我突然明白了这些大自然的生灵能够如此恬淡安心的原因。

/ 形如马耳的达那山 / 耳东 摄

继续溯流而上，吉曲清澈，两岸的河谷风光让我舍不得叫眼睛休息片刻。野鸭和各种叫不上名的水鸟在河面自由游荡，湍急水流冲击着河道中央的高大石柱（堪称真正的“中流砥柱”），飞架水上的桥梁堆满了祈愿平安的嘛呢石，陡峭岩壁间的尊者彩绘依旧栩栩如生……生机勃勃的自然之景中满载着藏地百姓的美好祝福，令人赞叹而感动。

渐渐地，远处显现出雄壮高山的轮廓。覆盖着白雪的山顶上，两座紧邻的石峰突兀昂然，如同一对竖立的马耳。“那就是达那山。”江洋说，在藏语中，“达那”正是马耳的意思。达那山是达那河谷里的制高点，海拔近5500米，我们将要探访的达那寺，便在山腰。

◇◆◆鹿中国宝——“戴口罩”的白唇鹿

中国是世界上鹿科动物最丰富的国家之一，其中一些物种更是中国特有，如麋鹿、梅花鹿等。在青藏高原及其边缘地带的高山草原地区，也生活着一种同样足以跻身国宝级的中国特有鹿种。这种鹿从鼻翼两侧、唇部周边到下颚均呈现出与土黄色体毛截然不同的纯白色，因而被形象地命名为“白唇鹿”。远远望去，它们就像戴了白口罩一样，在野外也非常容易辨识。

在藏地，人们将白唇鹿视为神鹿。然而由于它全身都是宝，特别是传统上作为药材的鹿茸，白唇鹿一度遭到大量盗猎，生存状态岌岌可危。早在1989年中国首次颁布《国家重点保护野生动物名录》时，白唇鹿就被列为了一级保护动物。随着保护工作的有序展开，青海、甘肃、四川等地逐渐建立起白唇鹿保护区或驯养场。而在三江源国家公园，近年不断向好的生态环境也让观察到白唇鹿集群活动的概率大大增加，相关报道屡见于媒体。

/ 山坡上的白唇鹿 / 视觉中国 提供

“一百颗星星”

如果从空中俯瞰，进入河谷的828县道与麦曲（吉曲的上游）就如同一白一绿两条飘逸的丝带，时而平行，时而交错，串起了沿途稀稀疏疏的聚落。但大概是深谷之中实在罕有人烟，在距离达那山仍有十余公里的地方，水泥铺就的公路戛然而止，我们只能在河边草坡上沿着一条被车辙压出来的土路摇晃前行。

好不容易来到山脚下，还没来得及兴奋，通往半山腰达那寺的盘山路又用一系列陡峭的S弯挑战起了我们的车况和司机的车技。驶上达那寺平台的时候，全车人都长舒了一口气。

达那寺的历史可以追溯到1000多年前的苯教寺院，由印度高僧建造的佛殿尕吾拉康至今仍伫立在达那寺东侧的山坡上，被认为是整个康巴地区最古老的佛殿之一，与西藏山南的雍布拉康齐名。12世纪，达那寺改宗藏传佛教叶巴噶举派，发展鼎盛时僧众多达数万名。到了教派式微的今天，达那寺成为中国涉藏地区现存唯一的藏传佛教叶巴噶举派寺院，虽规模不及当年，依然远近闻名。而在这漫长的岁月里，人们之所以不畏艰途前来朝拜达那寺，除了传统的宗教信仰，更因为这里保存着大量与格萨尔王相关的传说和遗

/ 达那山脚下的达那寺 / 耳东 摄

迹，被称为格萨尔岭国寺院，如此圣地整个涉藏地区再无他处。

就像过关斩将的勇士终将赢得属于他的奖赏，跋山涉水来到达那寺的我们，也赢得了一次可遇不可求的机会——瞻仰那些如神迹般存在的格萨尔王及其三十大将的诸多珍贵遗物。

在达那寺西侧山崖高处的石洞中，不规则地排列着数十座白色灵塔，据

/ 挂着风马旗的围墙 / 耳东 摄

说正是格萨尔王所率领的三十大将之灵塔。据《玉树州志》记载，1990年中国社会科学院考古研究所曾鉴定出，这些灵塔距今已有800多年。当地人相信，格萨尔王和三十大将的力量直到今天都在护佑子民，包括那些灵塔——每一架试图近距离拍摄三十大将灵塔的无人机，都会在到达某个高度时发生故障坠机，大概就是最有力的证明。“可以飞无人机，但一定不要靠近上面的灵塔！”江洋对摄影师再三叮嘱，毕竟他亲眼见过太多“试试就逝世”的悲剧。从科学的角度来说，这或许与山体矿石资源储量有关，但站在这座氛围肃穆的岭国寺里，我突然更愿意相信，那就是因为神的存在。

江洋照例帮忙联系了达那寺的涅巴，打算请他带我们简单参观一下。没想到寺里的上师得知我们到访后，竟拖着抱恙的身体执意亲自接待。在专用会客的堂屋里，涅巴麻利地生起火塘，烧上一壶水，又端来果盘、风干牦牛肉等，请我们休息品尝。席间，上师将达那寺与格萨尔王的渊源娓娓道来。他们相信，正是创建叶巴噶举派的桑吉叶巴仁波切，在岭国战火连绵之时及时出现“断恶”，结束了战乱，岭国将士的武器、战袍等才被移交给了桑吉叶巴，最终请至达那寺。

从此以后，保护这些珍贵的遗物就成了达那寺历代僧人的使命。上师将我们带至文物室，角落的保险柜上着七八道锁。与采久寺的囊谦王族府邸旧址类似，这里的钥匙平时也分由多名僧人保管。因为文物数量众多，上师只挑出了部分最具代表性的收藏：头盔、盾牌、毡帽、刀剑、弓箭、箭袋……虽有锈迹或开裂，依然看得出当初工艺之精良牢固。上师还特地拿起一只用于战前集结的白色海螺向我们展示，我吃惊地发现，海螺内壁的天然纹路竟然勾勒出了达那山的模样，那对马耳的线条与山顶石峰几乎如出一辙。

然而，所有遗物之中，没有哪件比经书更令我印象深刻。

/ 手捧海螺的达那寺上师 / 耳东 摄

那是一卷长条形经书，采用经典的梵夹装来装帧。这种装帧方式通常是先用夹板压紧书页，再以织带捆扎结实，最后裹上经书包布；不过眼前这卷在最外面还多了一层包布和两块护经板，形成双层加固保护。上师和涅巴缓缓抬出被包得严严实实的经书，表面还有一些未拂去的积尘，上师说，那只是怕会擦去原有的金粉。是啊，对留存数百年的古籍而言，再怎么谨慎都不为过。想到这里，我开始为这次的拆封感到既愧疚又激动：担忧这番展示对文物的损害，也为我们能有如此荣幸而感恩。

上师小心翼翼地层层拆解，果不其然，惊喜连连。护经板雕刻着精美佛像和一圈梵文，据说材质还是一种如今难以寻获的珍贵紫檀木。翻开经书的那一刻更是引起全场惊叹：靛青色的藏纸因为在制作时加入了狼毒草根以防腐防虫，光滑完整得丝毫不像经历了几个世纪的沧桑，而仔细端详纸面还会发现，经文是以金粉书写，直到今天仍未黯淡。

本以为这些就是全部的惊喜，没想到上师突然拿起一页，四处找起光线，最终停在从天花板悬下的灯泡前。我们好奇地围到上师身后，只见他将书页展开举高，慢慢靠近灯泡并左右移动。在灯光的映射下，纸张上竟然出现一粒粒清晰的光点，衬着靛青色的背景宛若夜空中的群星。“这个也是叫……一百颗星星。”汉语不太流利的上师努力为我们说明，生怕用错词，又用藏语与江洋交流了一遍来请他确认。我惊住了，为这难以解释的工艺奇景，也为藏地僧侣出乎意料的浪漫表述。我不知道，数百年前的匠人是出于怎样的原因进行这样的制作，但毫无疑问，这些“星星”让经书显得格外璀璨神圣。即使文字不通，我也已然被深深打动。

临别时，上师对我们的远道而来再次表示了感谢，同时委婉地提出达那寺如今的难处：因为山高路远，寺院至今未能通水通电，他们只能每天去河边取水，靠发电机用电。我这才意识到，这场热情接待的背后所付出的巨大成本。除了格萨尔王在精神上的护佑，他们同样需要我们带来一些实质上的支撑。

格萨尔王传说

在涉藏地区，格萨尔王是一个无比响亮的名字，他的故事可谓家喻户晓、妇孺皆知。在流传最广的版本里，格萨尔王来自天界，为了救护生灵而投身下界，率领岭国的部将和子民降妖伏魔，保家卫国，抑强扶弱，为万众谋福，最终完成使命，返回天界。

与许多由文字记载的故事不同，格萨尔王的一生主要以说唱的形式口口相传。格萨尔学界曾基于艺人说唱故事和转录文本估算出有100多万诗行、2000多万字，认为《格萨尔王传》是世界上最长的一部英雄史诗。传承中还衍生出情节相异的不同版本，将格萨尔王的光辉形象一再深化，让他几乎成了藏地百姓心中的保护神。

但格萨尔并非是完全虚构的形象。学界普遍认为，格萨尔在历史上确有其人，只是在故事化的过程中被演义夸张、添枝加叶。据研究，格萨尔生活在11～12世纪，统一的岭国则位于川青藏交界地带，至今这里仍然留有当地人沿用格萨尔王麾下大将之名来称呼的古城堡遗迹。

/ 经书中的“一百颗星星” / 耳东 摄

再次相遇的觉姆

从达那寺下来，我建议继续往河谷深处走，去看看此前上师提到的温泉。昔日繁盛的达那寺有僧众上万，僧舍从寺院一直盖到数公里外的一处温泉，每天清晨甚至需要骑马去召集僧人上早殿。如今沿途的僧舍自然是没了踪影，但深山中的温泉犹在，这么多年从未枯竭。

于是我们沿着麦曲继续行驶了三四公里。峰回路转，空旷山谷间竟多了几座平房。走近一瞧，原来这些小屋是简易的旅馆，围着一块酷似卧熊的巨岩，岩顶汩汩涌出泉水，四周白汽升腾氤氲——果真是温泉！更有趣的是，岩壁下方有近十个约一米深的坑洞，接满温水后就成了一个个独立的汤池。坑洞直径不大，恰能容下一人，因此虽是公共露天温泉，泡汤客们仍能各自享有一方小天地，实在美妙。

当地人相信，温泉中含有丰富矿物质，对关节炎、皮肤病等有良好的疗效，因而常常特意驱车前来，连续住上几日。我们抵达时只是一个普通的午后，天气还有些阴沉，偶尔寒风瑟瑟，依然有上至老人、下至孩童的七八位男女坐在坑洞中，对着不远处“马耳”竖立的达那山怡然自得。

我们没有时间亲身体会泉水的功效，短暂逗留一番便打算上车离开。此

/ 温泉的独立汤池 / 耳东 摄

时两个穿着红袍、背着行囊的身影闯入视线，莫名有几分眼熟。摄影师比我更快认了出来："这不就是在宗国寺那儿给我们让路的吗？"

没错，从然察大峡谷山顶的宗国寺下来时，两位觉姆正徒步走在我们前面。因为道路狭窄，她们主动退至一侧，让出通道。我们既感激，也忍不住好奇，莽莽山谷之中，她们究竟要去往何方。

在初次偶遇过去了5个小时之后的此刻，在距离宗国寺40多公里的达那温泉，这个心中的小小疑惑竟然有了答案。

难以置信的巧合促使我主动上前打招呼。她们起初有些诧异，但很快像是想起了什么，恍然大悟的二人相视一笑。我比画着问道，是不是走路过来，她们害羞地点点头，只是似乎丝毫不觉得这是什么值得一提的事情。

在涉藏地区，用脚步丈量山川确实不是新鲜事，通往拉萨的朝圣之路上，不经意间就会瞥见三步一叩首的信徒。但无论见过多少次，每每与这些虔诚的信徒相遇，我的心中都会涌起一股莫大的敬意。六世达赖、诗人仓央嘉措曾有诗云："这佛光闪闪的高原，三步两步便是天堂，却仍有那么多人，因心事过重，而走不动。"看着觉姆们瘦小的身躯，我愈加确信，在人生的修行路上，信念远比力量更重要。

/ 尕尔寺沿途的雪山 / 耳东 摄

燃香，为远行的人

傍晚将至，是时候离开河谷了。

奔波了一整天，所有人都有些疲惫，除了恪尽职守的司机，其他人大多已闭目养神。然而，还未安静多久，车突然停了下来。我瞬间清醒，定睛四望：仍在河谷，只是经过了一个仅三四户人家的小村庄。是出了什么故障吗？我暗暗揣测，却见前排坐在副驾驶位置的江洋摇下了车窗，车外站着一位腼腆的姑娘。两人用藏语简单聊了几句，姑娘便递来一个包裹，江洋塞进座位下方后，就让司机继续上路。

“这是你朋友？”我忍不住问道。

“没有，不认识。”江洋还是那副玩世不恭的腔调。漫长的旅途中，为了活跃气氛，这个开朗的藏族“95后”小伙总和我们唠唠家常，开开玩笑。但看到我们依然满脸惊讶，他立刻换了个语气：“真不认识，就是帮忙带个东西到县上。住在这里交通不方便，不用说带东西，就是带个人也一样。路边看到车，招手就行。”

“要钱吗？”

“当然不要！”这下轮到他不可置信了，“怎么可能要钱？”

我回想刚才他们的交谈，不过两三分钟，甚至没有交换手机号，大约只是说了个收件地址。对照现代商业社会的流程，这简直是一次高风险寄件。但双方似乎都没有在意，也或许，人与人的互信早已成为这里心照不宣的社会规范。

这个小插曲赶跑了车里的睡魔，众人又开始随意地聊起天来。江洋不知从哪里掏出一袋粉末，在我们面前晃了晃。“这是加持过的香，刚才上师给我的。”原来，由于家住白扎乡，江洋平时更多去尕尔寺，而达那寺相对偏远，他来到这里的机会并不多。就在替我们与上师简单说明来意时，他捐资了250元作为供养，上师便交给他这包据说已加持七八年的香粉。

说话间，江洋已将车载点烟器加热完毕。他迅速取出一小撮香粉，撒入其中。片刻，一缕青烟缓缓升起。他用左手前后挥动，很快一股清新淡雅的柏香就弥漫在这个小小的空间中。

“这是给远行的人的。”他喃喃道。虽然很轻，但我们每一个外乡人都听得格外清晰。在即将踏上近千公里的归途之时，这位藏族小伙竟然用珍贵的香粉为我们祈福。那一刻的我，感动得不知说什么才好。

我想，令这片土地变得神奇的，恐怕从来不只是山川林海——那热烈的舞蹈、精湛的工艺、神秘的故事，以及那些与江源一样纯净的心灵，都在千年的传承中创造着震撼世间、难以名状的美。

/ 澜沧江上游扎曲风光 / 视觉中国 提供

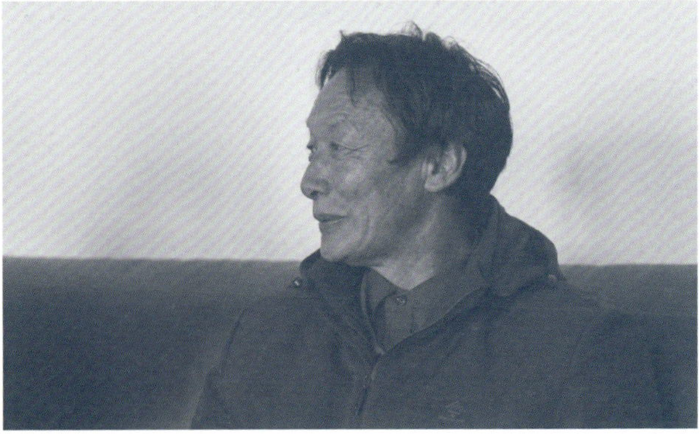

/ 受访的布扎西 / 耳东 摄

◆ 卓干玛是一种怎样的舞蹈？内容和形式有什么特色？

在藏语里，“卓”是舞蹈的意思，“干”表示古老，所以卓干玛在字面上就是指一种古老的舞蹈，至今有1000多年的历史。也是因为这一点，卓干玛和同样历史悠久的藏传佛教有非常紧密的关联，佛的形象、手势都会体现在卓干玛的舞蹈动作中。以前寺院里的僧人来村子里看我们的舞蹈，就说过卓干玛和他们的法舞很像。

卓干玛是一种自唱自跳的舞蹈，唱词和队形都很丰富，不同的曲目包含了各种美好的寓意，颂山、颂神、颂天地、颂五谷丰登等。除了专门献给囊谦王、活佛的曲目，大部分卓干玛都不限性别、年龄、人数，男女老少可以一起来跳。只不过，具体的表演形式比较讲究，一代代传下来完全没有变化，也不可以改变。

◆ 您是怎么开始跳卓干玛的？有什么感受能和我们分享吗？

我应该是我们村里最喜欢跳舞的，一有空就想跳。8岁的时候，我第一次接触卓干玛，16岁开始正式学习，到1992年（31岁）才学会了所有的曲目，一共40多首。村里每次有节庆、活动，我们都会去表演。有时候还会男女分队比赛，看哪一方跳得更多更好，我也喜欢参加。对我来说，每一首曲目都有意义，没有哪首最喜欢或不喜欢。每次跳舞前，穿上鲜艳的藏袍，头上缠起红穗，我就觉得这已经是供养三宝（即奉养尊敬佛宝、法宝、僧宝）最好的方式。

◆ 卓干玛的传承现状怎么样？您怎么看待卓干玛的未来？

卓干玛的节奏比较缓慢，每个动作维持的时间也比较长，对一般的年轻人来说吸引力确实不大。不过近些年，县里大力推广卓干玛，定期从各个乡里招人培训，还组织学生在课间操时学跳卓干玛。现在，很多人慢慢意识到卓干玛比常见的锅庄更有特色、有意义，也更愿意学习。

我在村里组织了舞蹈队，去年（2022年）还注册了卓干玛传承公司。公司刚成立的时候，我也收了一些村里待业的年轻人，不用学费，我义务教。我经常跟他们说，年轻人一定要学好卓干玛，把它传承下去，如果年轻人都不学，这么古老的舞蹈就真的失传了。

卓干玛：一眼望千年的艺术

专题 唐涓

/ 俯瞰囊谦县的山谷村庄 / 视觉中国 提供

囊谦是玉树藏族自治州的一方宝地，除了拥有令人惊叹的山水地貌，底蕴丰厚、传承久远的文化遗存也弥足珍贵，歌舞便是其中一种。

许多人都会对藏族能歌善舞的天赋印象深刻，却并不能准确领悟其歌舞的历史渊源与文化内涵。在玉树大地，我们见到最多的是依舞和卓舞。依舞这种源自民间的艺术不拘形式，可以几十人在自家的帐篷前自娱自乐，也可以数百人在盛大的艺术节上集体表演。我第一次深为震撼，就是在玉树的康巴艺术节上，上千人舞动长袖的壮观，以及迸发出的生命激情与欢快凝聚出的磅礴气势，感染了每一位在场的人。据说它同卓舞的源头都能追溯到远古，在漫长岁月里经一代代人传递，依然可以捕捉到先祖曾经劳动生活的影子。

卓舞也有不同种类，实在令人难以区分。我曾在结古镇的新寨村看过村民的卓舞，表演时，男舞者着藏袍、藏靴、长袖白绸衬衣，配挂腰刀，头戴高筒红穗帽。尽管无法听懂唱词，但配合古朴缓慢的舞步，那从远古弥漫而来的宗教气息开始在手足间静静流淌。

囊谦的卓干玛是国家级非物质文化遗产，是囊谦传统文化的精髓。藏语里，卓干玛是古舞的意思，据说有800余年的历史。这种古老的舞蹈起源地在白扎村，其古盐田久负盛名，不但在久远的时光中支撑了村民的生活，也让这里的牦牛因长期食盐而肉质鲜嫩味美。除此，在囊谦的大小传统节日里，卓干玛无疑是最耀眼的那朵花。

据我的朋友、玉树歌舞团团长扎西多杰介绍，卓干玛早先主要出现在宗教祭祀活动中，带有浓重的宗教气息，后来慢慢融入了游牧、农耕、狩猎等生活场景，形成了十分浓郁的地域特色。卓干玛的表演形式是男女表演者围成一个圆圈，以歌伴舞。传统的卓干玛有很多限制，要求每个表演者可以用乐器自弹自唱，但不能伴唱，这无疑对表演者的歌舞技能有很高的要求。卓干玛的唱词主要以颂歌为主，优美丰富，工整押韵，歌颂天地万物的一切美好。伴随着古朴的曲调，舞步的节奏也变化多样，或舒缓，或激昂，或轻松活泼，或典雅抒情。

表演者的服饰也颇讲究，男子多蓄发梳辫，缠裹红缨，俗称“英雄结”，是典型的康巴汉子的头饰特征。他们上身穿白色丝绸长袖衬衣，外套红色氆氇藏袍，下穿白色丝绸灯笼裤，足蹬传统藏式长靴。但如今对男子服装的要求并不十分严格，除了头上必缠的红缨，统一的藏装就很好看。女子的服饰依然沿袭了传统，尤其是发式，是藏族妇女流行的若干小细辫，再佩戴几只黄色老蜜蜡。她们身着粉红色丝绸长袖衬衣，外套黑色氆氇缝制的藏袍，腰间佩戴镶嵌了各种宝石的腰带，美丽非凡。

几乎和所有非物质文化遗产所遇到的传承问题一样，随着几个村落老艺人年岁已高，卓干玛这种古老的歌舞艺术也面临着传承的困难。在囊谦各村委会的帮助下，几位卓干玛“非遗”传承人都开始带徒，并走进学校授课，以激发孩子们学习卓干玛的兴趣。就像白扎村的党支部书记布扎西，多年来一直致力于卓干玛的传承事业，不但自己教出了百余名学生，还在村里组织了老年卓干玛表演队。随着时代向前迈进，当地群众的生活品质得到了提升，人们闲余时间多了，文化生活也随之变得丰富多彩。每年从州上到村里，大大小小的节庆活动络绎不绝，让卓干玛有了更多展示的机会。同时，民间演艺组织的演出，也让越来越多的人观赏到了卓干玛的艺术魅力。在室内的舞台上表演时，卓干玛逐渐融入了现代藏族舞蹈元素，更具观赏性。

对卓干玛痴迷的朋友，可以选择盛夏时来玉树。在这最美好的季节里，各地都会举办艺术节和赛马节，此时，精彩纷呈的依舞、卓舞、卓干玛的表演定会让你眼花缭乱，惊叹不已。

囊谦是我为之心醉神迷的地方，为此我期待再次与她相遇。如果有幸在白扎村的草原上，在阔大的天地间，在先祖曾经载歌载舞的地方，见识到原汁原味的卓干玛，那便是穿越千年时空的机缘，但愿我能拥有。

（本文作者为《三江源生态》杂志主编）

/ 展示陶笛的白玛群加 / 耳东 摄

◆ 请您简单介绍下藏黑陶的历史和特点。

根据我个人的研究，藏黑陶已经有6000多年的历史。只不过，过去藏黑陶是贵族家庭使用的器物，一个藏黑陶制品要用一头牦牛来换，所以普通老百姓只用得起红陶、黄陶等。藏黑陶的工艺流程比较复杂，从采土、取水到火候掌握都有讲究，比如黏土必须得在5月至7月到吉曲乡附近的一座山上采来，并尽快用牛皮密封保存。也正是因为利用特殊的材料和流程烧制，藏黑陶还有一些神奇的疗效，比如可以养胃、解毒等，囊谦的藏医院都专门找我们订购藏黑陶材质的医疗器械，像藏黑陶拔火罐就是最常见的一种制品。

◆ 您是怎么接触到藏黑陶的？学习过程中有什么难忘的经历？

我出生在一个工匠家族，祖辈世世代代给囊谦王家族做佛像之类的工艺品。我很小就开始学习泥塑、绘画等，14岁的时候机缘巧合，去了昆明圆通寺做佛像，后来又辗转拉萨等涉藏地区各地做工艺品，基本上什么都会一点。2000年，我在娘拉乡做佛像，县里正缺一位传承藏黑陶的手艺人，就把我介绍给了当时唯一掌握藏黑陶烧制技艺的扎旺老师。

拜师学艺的过程非常不容易。扎旺老师膝下无子，仅女儿女婿，这门手艺他连女婿都没有教，凭什么教给我这个外人呢？虽然有县里领导牵线，但我还是用了最大的诚意，展现出扎实的基本功，才让扎旺老师打心底认可我、收我为徒，最后把所有37个烧制秘方都传授给了我。

◆ 藏黑陶的传承现状怎么样？您对未来有什么展望？

我2006年开始在囊谦办厂，想发扬这门手艺，并且让更多普通老百姓能用上藏黑陶。但最开始没有得到什么响应，因为传统观念里，做陶是吃不饱的，很少有人愿意来学习。所以我一方面努力打开市场，比如做黑陶礼品，另一方面增加补助来招工。好在随着藏黑陶的名气越来越大，学生也变得越来越多，最近一次招聘会，30分钟就来了60个人，甚至有外地的汉族学生。我也招了很多残疾人，解决他们就业的需求。现在，仅仅在囊谦就已经有三个黑陶生产厂。

传承过程中，传统技艺当然不能丢，但我也鼓励在器型、纹理等方面进行创新，灵感可以来源于生活，也可以源自梦境。我有一组被青海省博物馆收藏的作品——将军壶和国王壶，就是我2008年的梦中作品。

我现在最大的梦想，就是囊谦能发展建设一个黑陶小镇，到时候我就可以在个人博物馆里展出这些年收藏的800多件古陶器。另外，我也希望藏黑陶的日用品可以越来越普遍，价格越来越低廉。比如今年，我把过去50元一只的杯子降到了10元，但我的目标是3元，让每个人都用得起。只有这样，我们的藏黑陶技艺才能世世代代传承下去。

/ 作为日用品的黑陶茶具 / 耳东 摄

殊行绝技塑黑陶——看囊谦黑陶的制作工艺

李懿 专题

/ 精致的黑陶茶具 / 耳东 摄

窑焰五色爇精作，光灿似镜黑如墨。

夙秉昔贤情理义，弘道永铸民族魂。

恩格斯曾在《自然辩证法》中说："直立和劳动创造了人类，而劳动是从制造工具开始的。"可见人类的发展历程与制造生产劳动工具密不可分。人们生产制造的过程，是依托工具和材料进行创作的。正如在囊谦黑陶的工艺制作中，各种工具以其不同的功能服务于制作的整个过程，充分体现了工具在黑陶制作中不可替代的地位。

囊谦地区制作黑陶的主要工具有各种大小不等的木槌、木拍、木刮、金属刮片、筛子，以及陶制转盘等。木槌主要是用于反复锤揲泥料，使泥更具有黏性。木刮和金属刮片是最基础的工具，可帮助艺人挖空实心的器皿、刮平外表等，其中金属刮片有多种不同外形。陶制轮盘是当地艺人一直沿用的一种拉坯成形的古老工具，在许多囊谦黑陶上我们依然可以看到它们保留着明显的轮旋痕。除此之外，还有两样我国古代制陶工艺中古老的工具，即陶拍和陶里手。陶拍当地藏语称“伽夹”，主要是在制作中将体量较小的陶泥锤揲成饼状，也可以用作拍打器物表面的工具，使陶胎坚实，外表更加美观。陶里手在当地藏语中称“郎迪”，在制作陶坯的过程中，从外部拍打器物时，可用陶里手从陶器内部将陶器外壁顶住，使陶器塑形不易变形，方便制作。

除了以上的主要工具，在制作黑陶时还需要一些辅助工具，如桶、盆等用于盛水，鹿皮则是黑陶制作中涂抹、修坯的主要工具。黑陶艺人认为，鹿皮是最柔软的皮革，用鹿皮涂抹、修坯能使器物表面更加光滑平整。艺人们选择工具时总是尽可能地为制作服务，工具一般均为制陶艺人依据习惯自制，这一传统一直传承在当今囊谦黑陶艺人中。

囊谦黑陶的制作原料以吉曲乡山荣村、娘拉乡娘多村、觉拉乡卡永尼村等地出产的红黏土（藏语称桑秋玛宝）、黏土石（藏语称德加达洛卡，当地俗称“藏药石”）和白砂为主，材料均由黑陶艺人在选定的山上选取。据当地艺人介绍，用传统的技艺制作黑陶时会将海拔5000米左右的冻土层中的“藏药石”掺在陶土里，这种工艺一直延续到现在。有些制陶艺人为满足黑陶的设计造型及使用功能的需求，还会在加入了“藏药石”的红黏土中加入一定比例的白砂，这种工艺也是对传统的延续，据说所用的白砂，一般会从囊谦境内终年不化的雪山上采挖。

传统的囊谦黑陶制作对泥土的要求十分严格，泥土必须细腻，颗粒的密度和大小要均匀，将采挖的红黏土和黏土石碾碎成粉末，然后用筛子筛出黏土，弃粗留细，把黏土粉和石粉按比例（通常为1：1）配比，混合后的红黏土在保持了陶土原有可塑性的基础上还具有耐急热更佳、收缩率小的特性。有些艺人也会依据经验调整比例，一般器型越大、烧制温度越高，掺沙的比例就越高。接下来就是用水将混合好的陶土搅拌成泥，再放入缸内加水制成浆状搅拌淘洗，待含有砂浆的泥沉落缸底，取上面的漂浆倒入另一只缸内再次淘洗，作为制陶的原料备用。当地艺人一般会将这样的原料在基本密封的状态下放置一个月到半年，让其自然凝干成泥，这一沉积的过程被称为“沉腐”，陶土经过“沉腐”会达到最佳状态。在以前，陶土除要经过淘洗、沉积外，一般还要经过晾晒、风冻等工序，这几道工序整体完成大致需要一年的时间。因为耗时较长，且需要较大的场所专门储存陶土，现在很多艺人都已不再沿用这种做法了。

手工艺人的造物实践并非是具有探索意义的创造性活动，而是按照一定的制作规范和技术要求，循序渐进地

/ 黑陶模具 / 耳东 摄

实施制作的生产活动。囊谦黑陶的制作过程较为复杂，完全采用手工制作，每件黑陶从开始到最终完成，要经过饧泥、初加工、毛坯成型、装饰、打磨、风（阴）干、烧制、酥油抛光、细加工等十几道工序，以下就具体介绍一下关键环节的加工特点。

第一步是饧泥。饧泥主要是用木槌反复敲打陶泥或用手揉、捏、拍、压泥，使陶泥不断“成熟”，在此过程中用力将泥中的空气充分排出，使整块陶泥达到软硬均匀、表面光滑、内部层次分明的特点，使其黏合性更高且富有弹性，防止在烧制的过程中存在气泡而发生断裂。

第二步是制坯。囊谦黑陶的造型多以圆形为主，艺人为了提高加工速度，采用模型法、捏塑法进行制作。模型法采用慢轮技术，加工器物时，艺人会选择大小不同的陶制内模（陶盔）扣在陶轮上，在陶盔上扑上草木灰和石粉的混合物（主要起隔离陶盔和陶泥的作用，使它们不易粘连），然后将拍打成饼状的陶泥扣在陶制模具上，一手不断地转动轮盘，另一手持木拍或陶拍，不断拍打陶泥，使其延展附贴在陶盔表面，直到陶泥厚薄均匀。最后将陶盔倒转放在撒满草木灰和石粉的轮盘上，取出陶盔，大致的制坯过程就完成了。

第三步是修坯。艺人将转盘均匀转动后，用金属刮片等工具均匀地修整出陶坯表面的形状。在这一过程中，艺人不但要将陶坯外表修整好，还时常要用陶里手对内部进行修整，最考验他们的功底。有些异形或局部也是在此过程中完成的，艺人会通过形体的特点借助捏塑法，塑造出所需的形状，并固定粘接在器身上，用泥刀拍打接合部，使其粘接更为牢固。因此，黑陶器型差异与变化的掌控，全凭艺人的感觉与经验。最后再将黑陶的壁厚进行再次修整，调整器身，力求均匀，使其更为牢实、圆润、光滑。

第四步是装饰。囊谦黑陶造型相对规整，装饰主要是采用刻划和捏塑的方法，少有压印、拍印的装饰出现，因此装饰线条简练奔放。捏塑的堆纹是陶坯表面附加泥条，用粗细不同的泥条环绕颈、腹部，形成几何花纹，使用最普遍的就是由连续不断的“∽”构成的水波纹，极少有“藏八宝”等其他装饰纹饰。偶尔还会出现捏塑的动物形象，最常见的是以写意手法表现的变形的龙（一说鳄鱼），其形象夸张，稚拙中带有几分狞厉，给人以神秘之感。刻划的纹饰主要有由“=”构成的弦纹，表现为凹凸的单线或复线弦纹；由“//”构成的纹饰也是频繁出现，不过当地艺人也说不出此种纹饰的来历和意义。除以上列举的几何纹饰，囊谦传统黑陶中常用的刻划纹饰还有云纹和莲花瓣纹饰。当地黑陶装饰整体呈纹饰简单的特征，呈现出简单大方、不浮夸、不累赘的风格特点，突出表现其虚实变化、前后层次、疏密关系，这也是当代艺人对前辈工艺技术与审美情趣诚实传承的体现，真正做到了雅俗共赏，形成了格调奔放、典雅敦厚的艺术特色。

第五步是打磨。打磨陶器一般会分两次完成，第一次是趁陶坯湿时用鹿皮蘸水打磨，第二次是在陶坯未完全干透时，用木制工具将其表面研光打磨。通过两次打磨后，烧制出的黑陶表面似有一层亚光，传递着典雅、稳重、大方、高贵和神秘的情感。

在完成上述工序后，一件黑陶的陶坯就算完成了。艺人会将陶坯放置在不见阳光的空间中，根据气候不同用10～15天的时间阴干，待陶坯完全阴干再进行第六步烧制。

传统黑陶采用独特的“封罐熏烟渗碳”方法烧制而成，烧制一般是较大规模统一进行。传统窑炉是用石头排列垒成的，窑床上面先铺草木灰再放上可燃的干草，将陶坯有序排列好，在陶坯之间和陶坯周围要堆放上牛粪，最外面的一层放置厚厚的完全干燥的草皮，据艺人介绍，这些草皮可以在烧制过程中一定程度上起到窑壳的作用，是既能燃烧又可保温的材料，有助于熏烟渗碳。烧制时还要严格控制温度和湿度，陶坯在烟熏过程中渗入碳粒而最终形成成品，烧制时间和烧制温度的把握是黑陶烧制成功与否的重要环节，温度需维持在800～900℃。随着时代变迁，囊谦黑陶烧造的窑炉也由原来的土窑改成了煤窑和液化气窑等，煤窑在煤的选用上也有一定要求，应尽量选用油煤，因为柴煤达不到烧制所需要的温度。在囊谦地区，目前能很好把握烧造技艺的艺人不多，因此，烧造这一环节一般是由师傅亲自完成。在以前黑陶烧制前，艺人还会举行祭窑炉的仪式，祈求烧造成功，这种习俗至今仍有部分艺人继承。

悠悠岁月，漫漫陶路，囊谦黑陶的制作工艺不仅反映了广大藏族的社会生活、审美诉求，而且促进了黑陶在艺术创作方面的表现形式和表现手法。见“物”，见“人”，见“技术”，见“文化”，更见“精神”，是囊谦黑陶的灵魂。思考它具有的传统文化优势，整合资源，提高黑陶制作的现代意识，这无疑有助于囊谦黑陶的传承和发展。

（本文作者为青海师范大学教授）

后记

站在青藏两地的交界，我们目送扎曲继续向东南奔流，开启它作为“澜沧江”的数千公里壮游。而我们的澜沧江寻源之旅，也在这里正式画上了句点。

回望这与山川为伴的一路，从终年不冻、水色旖旎的源头湖泊，到河道分岔、编织成网的开阔河谷，我们见证了一条江河的萌芽和发育，也循着它的足迹在峡谷山林间见识到青南高原的神奇与瑰丽，在一次次的震撼中真正明白何为“天地有大美而不言”。而这片纯净的天地，还向我们无私地打开了生物多样性的宝库。无论是河滩、草场，还是林海、雪原，总能偶遇大大小小、种群各异的生灵。它们自在地栖息，保留或机敏或凶猛的野性，在人为干扰较少的环境中演化出自成循环的生态系统，也与向来敬畏众生的本地藏族一同为世界呈上一份人与生物圈和谐共生的范本。

水，带来了生机，也浇灌出了信仰与文明。行走在澜沧江源园区的日子里，曾有无数个不经意的瞬间，我们在随行司导、寺院僧尼、牧民巡护员、“非遗”传承人等形形色色的人们身上感受到了最质朴的尊重与善意——对人，对自然，对生命，对万物。或许正是抱着如此无上的虔诚，这片土地上的民族才能将古老的传统视若珍宝，千百年来代代延续。

不可否认，短暂的旅程里我们没能见到久负盛名的雪豹，也常因捉摸不透的天气与期待的美景失之交臂。然而，与其说这些是遗憾，不如说，这才算是体验了自然最本真的模样。只有在这样的真实中，我们才能参悟地球演变、生命繁衍的不二法则，才能学会如何守护我们所有人共同的家园。

愿江河万古，源远而流长。

/ 自由的藏原羚 / 耳东 摄

出行参考

TRAVEL REFERENCE

三江源国家公园概况

2021年10月12日，在联合国《生物多样性公约》缔约方大会第十五次会议上，中国政府宣布正式设立首批五个国家公园，平均海拔在4700米以上、总面积超过19.07万平方公里的三江源国家公园排名首位。

三江源国家公园一直坚持生态保护第一、国家代表性、全民公益性的国家公园理念，推动国家公园高质量高标准高水平建设，为人民提供优质生态产品，为全社会提供科研、教育、体验、游憩等公共服务，让当代人享受到大自然的馈赠和天蓝地绿水净、鸟语花香的美好家园，给子孙后代留下宝贵自然遗产，使三江源国家公园成为体现大国责任、展示美丽中国的重要窗口。三江源国家公园的核心保护区是国家公园的主体，实行最严格的保护，原则上禁止人为活动。一般控制区是当地牧民传统生产生活区域、开展生态体验与自然教育的主要场所。为践行绿水青山就是金山银山理念，充分发挥国家公园的科研、教育、游憩功能，探索自然保护和资源利用新模式，对国家公园内自然资源资产的经营利用统一以特许经营的方式开展。

澜沧江源园区面积1.21万平方公里，是三个园区中面积最小且最难抵达的一个。但这里具有极其丰富的野生动植物资源，其中不乏雪豹等国家一级保护动物，更有藏族黑陶烧制、囊谦卓干玛等非物质文化遗产，如同一个隐秘的宝库等待探访。

野生动物：★★★★

自然风光：★★★★★

易抵达性：★★

◆负责任的旅行

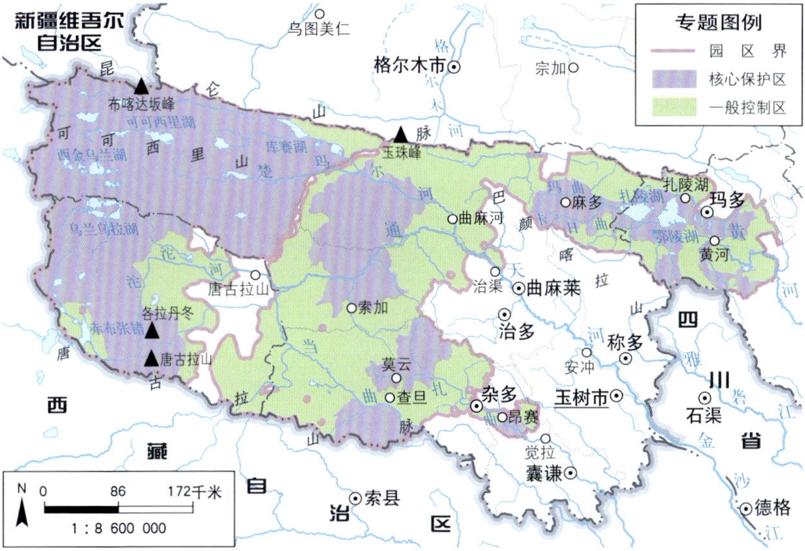

/ 三江源国家公园核心保护区与一般控制区示意图 /

◆ 严禁非法穿越国家公园：前往三江源及周边自驾，必须遵守相关部门的规定，可以参考当地政府和国家公园管理机构发布的自驾路线，不得在未经允许的情况下穿越无人区。

◆ 不随地扔垃圾：产生的垃圾自行带走，并按照分类要求投入指定的垃圾容器或收集场所。

◆ 无人机的噪声会严重干扰野生动物的生活，尤其可能造成哺乳期母兽的应激反应，切勿用无人机低空接近或追赶野生动物。

◆ 除无人机外，同样严禁驱车追赶野生动物。

澜沧江源TOP旅行体验

◆ 俯瞰澜沧江源第一湾

澜沧江源第一湾位于靠近杂多县的345国道沿途，从上游奔涌而至的澜沧江在此处为山体阻挡，拐出了一个S形的大弯，河水咆哮地拍打着水中的巨石，溅起雪白的浪花，在河湾的最窄处，澜沧江源第一桥从中穿过。河岸两侧有翻飞的五彩经幡，水中还有刻着六字真言的嘛呢石，象征着当地人对山水的敬畏。

◆ 探访白扎盐场

白扎盐场位于囊谦县白扎村，是囊谦最大、最古老的盐场，至少拥有800年的悠久历史。囊谦地处三江成矿带，独特的地质结构带来了高盐分的土壤，加之位于丝绸之路南亚廊道的唐蕃古道上，自古以来便是南亚廊道沿线地区重要的盐供应地。白扎盐场至今仍采用古老的制盐工艺，赭红色的盐田呈棋盘状，随形就势地分布在山坡上，层层叠叠，一望无际。

◆ 寻找贝纳沟摩崖石刻

贝纳沟位于玉树州府结古镇以南20多公里处，两侧山崖上有四组雕刻于9世纪初吐蕃时期的摩崖石刻图像，极具历史意义和艺术价值。其中尤其珍贵的是沟口南麓河边岩壁上的一组线刻《赞普公主礼佛图》，是沟内最有代表性、细节最清晰的石刻作品，此外《三世佛图》《佛诞生图》等也均值得一观。但这里的摩崖石刻位置隐秘，加之指示不太清晰，想要一一找到，需要费一番功夫。

◆ 观察野生动物

澜沧江源园区具有独特的河源峡谷生态，海拔最高处的石峰和碎石带是岩羊和雪豹喜欢出没的地方，山峰下原始森林和高山草甸交混的地带，为白马鸡、高原鼠兔和喜马拉雅旱獭等动物提供了筑巢和嬉戏的场所，它们又吸引来了兔狲、狼、棕熊等食肉动物。得益于近年来环境的改善，只要有一双慧眼，即使在路边也能远眺并观察到野生动物的活动。

行前参考

◆ 通信

电信、联通、移动三大运营商的基站覆盖全省，凡是乡、村都有信号，但若在高海拔地带盘山而行或深入乡间小路，手机会时常丢失信号。

◆ 何时去

◆ 5月至6月 此时冻土未消，方便行车。

◆ 7月至8月 天高云阔，气候凉爽舒适，是高海拔地区的最佳游览季节。此时正值雨季，适合参加澜沧江漂流。

◆ 9月至次年4月 天气寒冷，行程可能会受到风雪天气影响，但也能欣赏到千里冰封、万里雪飘的壮美。

◆ 高原地区目的地海拔

◆ 瓦里山主峰 5452米　◆ 杂多县 平均海拔4290米

- 昂赛乡 平均海拔4000米

◆ 当地交通

飞机

- 西宁曹家堡国际机场
- 玉树巴塘机场

火车

- 西宁火车站

长途汽车

- 西宁汽车客运中心
- 玉树汽车站

自驾

最方便的出行方式，但三江源地区实时路况的不确定性较大，大多数路段并不适合新手。可以选择包车前往。

初到高原，请注意

出行前准备一些预防高原反应的药物，例如红景天胶囊，提前服用，增强抵抗能力。还可以带布洛芬缓释胶囊、地塞米松片等药物，可缓解高原反应带来的头痛等症状。建议买点阿咖酚散（俗称头痛粉），性价比极高。

预备几瓶一次性氧气瓶，可在医院和药店购买。部分酒店可以提供吸氧设备，但最好提前咨询确定。

到达后尽量先安排休息，注意保暖并且多喝水，不要剧烈运动。如果感觉头痛不适，可服用一包阿咖酚散，效果不错。如果高反症状一直不减弱甚至加重，请咨询医生并慎重考虑是否继续后面的旅程。

就餐时可以要一壶藏式奶茶或酥油茶，它能帮助你尽快适应高原环境，至少能妥帖安抚你的胃。

高原紫外线强烈，在高原要戴好太阳镜，可以有效减弱紫外线对眼睛的照射，准备好长袖衣裤、头巾或者披肩，可以起到防晒的作用。

附录一 APPENDIX

三江源国家公园大事记

◆ 2016年3月

中共中央办公厅、国务院办公厅印发《三江源国家公园体制试点方案》。

◆ 2016年4月

青海省委常委会议审议通过《关于实施〈三江源国家公园体制试点方案〉的部署意见》，省委、省政府召开动员大会，正式启动三江源国家公园体制试点。

◆ 2016年6月

我国首个国家公园体制试点管理机构三江源国家管理局（筹）正式挂牌。

◆ 2016年11月

三江源国家公园管理局向全球发布形象标识，这不仅是我国第一个国家公园的形象展示，更是国家形象和国家意志的集中体现。

◆ 2017年8月

我国首个国家公园地方性法规《三江源国家公园条例（试行）》正式实施。

◆ 2017年9月

中共中央办公厅、国务院办公厅印发《建立国家公园体制总体方案》，提出到2020年，建立国家公园体制试点基本完成。

◆ 2018年1月

国家发展和改革委员会正式印发《三江源国家公园总体规划》，标志着三江源国家公园建设步入全面推进阶段。

◆ 2021年9月

国务院印发《关于同意设立三江源国家公园的批复》，同意《三江源国家公园设立方案》，三江源国家公园从体制试点迈入正式设立阶段。

◆ 2021年10月

国家主席习近平在《生物多样性公约》第十五次缔约方大会领导人峰会上宣布设立三江源等第一批国家公园。

◆ 2023年8月

《三江源国家公园总体规划（2023—2030年）》发布，将长江、黄河、澜沧江源头区域全部纳入国家公园范围，实现源头区域生态系统和野生动物栖息地完整保护。

附录二 城区图

APPENDIX

省区图、地区图

西宁市	省级行政中心
海东市	地级市行政中心
玉树市	自治州行政中心
杂多	县级行政中心
扎朵	乡、镇级行政中心
不冻泉	村庄
	省级界
	地级界
	县级界
	铁路
G6	高速公路
G214	国道
S224	省道
	县乡道
	常年河、时令河
	常年湖
唐古拉山 6205	山峰及高程（米）
	山口、关隘
	世界遗产
	国家级自然保护区
	国家地质公园
	其他旅游景点

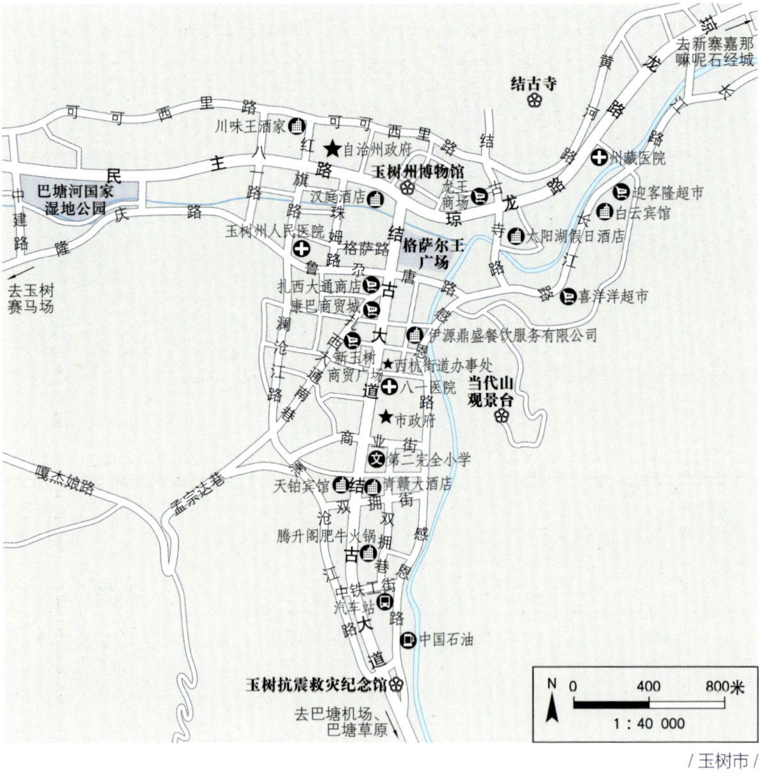

/ 玉树市 /

城区图

- 一级街道
- 二级街道
- 三级街道
- ★ 地级政府
- ★ 县级政府
- ★ 镇级政府
- 公安局、派出所等机关单位
- 饭店、宾馆酒店、大厦
- 医院、药店
- 商场 超市
- 学校
- 银行、保险
- 汽车站
- 加油站
- 旅游景点
- 其他

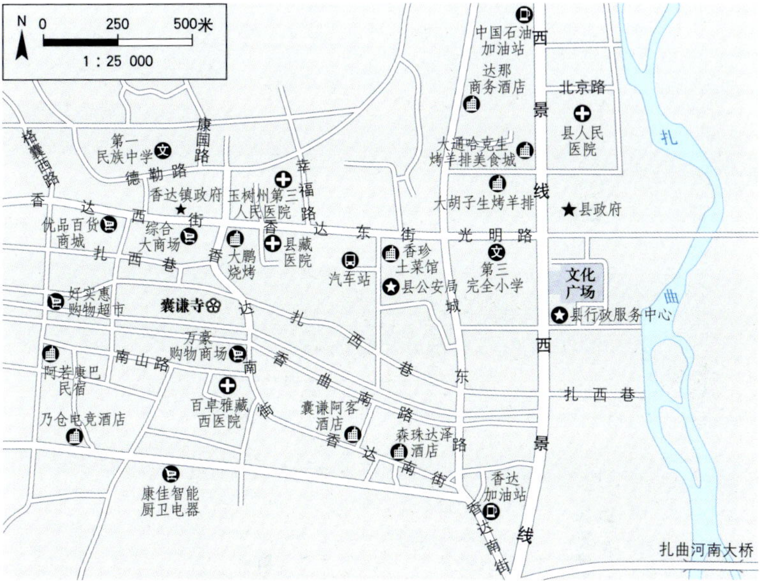

/ 囊谦县 /

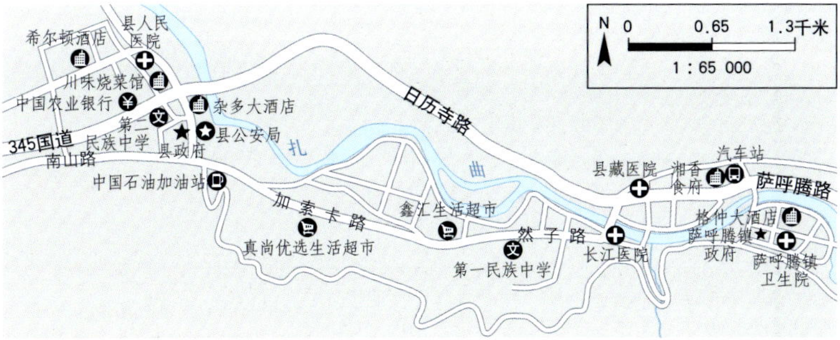

/ 杂多县 /

图书在版编目（CIP）数据

行走澜沧江源 / 袁亮等著 . -- 北京 : 中国地图出版社 , 2023.12
ISBN 978-7-5204-2849-1

Ⅰ . ①行… Ⅱ . ①袁… Ⅲ . ①旅游地理 – 青海 Ⅳ . ① K928.944

中国国家版本馆 CIP 数据核字 (2023) 第 229684 号

行走澜沧江源
XINGZOU LANCANGJIANGYUAN

出版发行 中国地图出版社
社　　址 北京市白纸坊西街 3 号
邮政编码 100054
网　　址 www.sinomaps.com
印　　刷 北京华联印刷有限公司
经　　销 新华书店
成品规格 147mm × 210mm
印　　张 7
字　　数 171 千字
版　　次 2023 年 12 月第 1 版
印　　次 2023 年 12 月北京第 1 次印刷
定　　价 88.00 元
书　　号 ISBN 978-7-5204-2849-1
审 图 号 青 S（2023）226 号

如有印装质量问题，请与我社发行部（010-83543958）联系